Lawrence J. Crabb

Als Mann und als Frau

Für Rachael

Mehr als alle anderen Menschen
hat sie mir geholfen,
über die Unterschiede nachzudenken
und sie schätzen und
genießen zu lernen.

Lawrence J. Crabb

Als Mann und als Frau

Brunnen-Verlag · Basel und Gießen

ABCteam-Bücher erscheinen in folgenden Verlagen:

Aussaat Verlag Neukirchen-Vluyn
R. Brockhaus Verlag Wuppertal
Brunnen-Verlag Basel, Gießen
(und Brunnquell Verlag)
Christliches Verlagshaus Stuttgart
(und Evangelischer Missionsverlag)
Oncken Verlag Wuppertal

Titel der englischen Originalausgabe:
»Men & Women«
Erschienen 1991 bei Zondervan Publishing House, Grand Rapids

Aus dem Amerikanischen von Anja Findeisen

Umschlag: Klaus Harald Wever
Satz: Uhl + Massopust, Aalen
Druck: Clausen & Bosse, Leck
Printed in Germany

ISBN 3-7655-2497-2

Inhalt

Geleitwort

Eine Ehe von heute gleicht manchmal einem Unternehmen, das durch dürre Zeiten gehen muß oder gar kurz vor dem Verkauf steht. Für viele Menschen ist eine Heirat nichts weiter als ein *Kreditrisiko* oder ein *friendly takeover*. Man erwartet einen kurzfristigen Gewinn, ein vorteilhaftes Geschäft, bei dem keine Ausgaben entstehen, und eine höhere Produktvielfalt. Aber dies alles steht nur im Kleingedruckten. Gerissene Geschäftsleute versuchen, alles unter ihre Kontrolle zu bringen, oben an der Spitze zu bleiben, billig ein- und teuer weiterzuverkaufen.

Die christliche Ehe jedoch hat keine Sicherheitsnetze und keine kleingedruckten Klauseln im Vertrag. Gott stellt vor der Ehe nur eine einzige Bedingung: Er, der Schöpfer, will zu Rate gezogen werden. Seine Garantie beruht auf der Dreierbeziehung Gott-Mann-Frau – einem Gemeinschaftsunternehmen. Jeder läßt dem anderen etwas zufließen, und der Nettogewinn ist die Freude aneinander.

Vor mehr als vier Jahrzehnten standen wir in einer kleinen Kirche und gaben einander öffentlich das Versprechen, ein Leben lang füreinander dazusein. Es war ein Glaubensschritt, denn wir kannten uns eigentlich nicht sehr gut. Oder besser gesagt, wir kannten uns selbst noch nicht gut genug. Um es wieder in der Sprache der Wirtschaft auszudrücken: Wir begannen sofort, einander auszugeben. Die Gewißheit, unser ganzes Leben lang einen Partner an unserer Seite zu haben, beförderte uns emotional in eine höhere Einkommensgruppe. Wir begannen unsere Ersparnisse aufzubrauchen. Mit den Worten des Paulus: Wir »bissen und fraßen uns gegenseitig« und liefen Gefahr, uns selbst zu zerstören.

Wie in vielen Ehen, so entstanden auch in unserer unbemerkt Löcher, die wir leicht mit unserer Geschäftigkeit und unseren Masken verdecken konnten. Natürlich waren wir verliebt und bemühten uns darum, emotional zahlungsfähig zu bleiben, aber hin und wieder mußten wir unser Konto überziehen und wußten nicht warum.

Larry Crabb hat vielen Ehepaaren zugehört, denen es ähnlich erging wie uns damals. Er hat den wahren Schuldigen ausfindig gemacht – das Ich, das wir mitbringen, wenn wir vor den Altar treten. Selbstzentriertheit, so sagt er uns, schmälert den ehelichen Haushalt. Sie ist die Sünde, die sich so gern bei uns einnistet. Solange wir unsere Lieblingsschulden, besonders die Wut, nicht abbauen und durch Vergebung ersetzen, wird unser Defizit immer größer.

Aus langjähriger seelsorgerlicher Erfahrung heraus warnt uns Crabb, daß es nicht reicht, lediglich keine »Schulden« mehr haben. Die Ehe ist eine Verbindung, die Freude schenken und in der Selbstaufopferung praktiziert werden soll. Wenn wir den anderen an die erste Stelle setzen, ohne daran zu denken, was wir zurückbezahlt bekommen, dann schenkt uns Gott als Dividende Glück und Erfüllung. Der Gewinn der Ehe zahlt sich vor allem dann aus, wenn wir unsere Unterschiede als Mann und Frau schätzen lernen. Beide Partner bereichern die Beziehung und machen sie zu einem spannenden Abenteuer.

Viele Informationen und Statistiken werden veröffentlicht, um der Ehe wieder neuen Sinn zu geben. Das vorliegende Buch jedoch steht weit darüber, denn es bietet eine ausgewogene biblische Sicht und Ratschläge, die im Alltag umsetzbar sind. Für Männer und Frauen, die in eine gewinnbringende Ehe investieren möchten, ist dies ein Ratgeber, mit dem sie als Endergebnis eine schöne Ehe und lebenslange Erträge erzielen können.

Howard und Jeanne Hendricks
Dallas Theological Seminary

Vorwort

Zwei Trends in der christlichen Welt stören mich. Zum einen wird das Evangelium immer mehr auf die Botschaft reduziert, daß Christus uns eine neue Identität gibt, mit der wir die alte ersetzen können, die durch unsere negative familiäre Umgebung zerstört wurde. Zum anderen wird unser Sein in Christus oft so interpretiert, daß unsere Einzigartigkeit als Mann und Frau hinter unserer Gleichheit als Christen zurücktreten muß.

Je älter ich werde, um so entschiedener halte ich an einigen wenigen Überzeugungen fest. Sie werden mir immer wichtiger und stehen jenen beiden Trends diametral entgegen.

Eine dieser Überzeugungen könnte man so formulieren: Der Beginn des Evangeliums ist das Gericht, aber in seiner Mitte liegt der eigentliche Schatz, die Vergebung. Solange wir nicht erkennen, wie abgrundtief unsere Sünde und wie wunderbar die Vergebung Christi ist, verdrehen wir die Wahrheit über unser Sein in Christus und machen es zu einer billigen, alles beanspruchenden Selbstliebe. Wenn wir aber erkennen, daß wir erst durch die Vergebung die Gnade Gottes erleben können, dann lernen wir unsere neue Identität erst richtig schätzen, geben Gott die Ehre und dienen anderen.

Die zweite Überzeugung lautet: Wenn wir in unserer Persönlichkeit richtig gefördert werden, dann kristallisieren sich in allen unseren Beziehungen unsere Unterschiede als Mann und Frau heraus. Wir werden gern das weiterschenken, was uns durch unser Mann- oder Frausein gegeben ist, und dabei mehr das Wohlergehen anderer im Blick haben als unser eigenes.

Das vorliegende Buch beruht auf diesen beiden Erkenntnissen, die den zwei oben erwähnten Trends genau entgegengesetzt sind. Ich hoffe, mein Buch fördert das Gespräch zwischen denen, die jene Trends befürworten, und denen, die sie ablehnen. Die Erkenntnis, daß im Zentrum des Evangeliums das Wunder immer neuer Vergebung steht und daß Mann und Frau zwar gleicherweise erlöst und gleichberechtigte Erben, im Grunde ihres Wesens aber wunderbar verschieden sind, gehört für mich zu den »Dingen, die ich gelernt habe und von denen ich überzeugt bin«.

Dank

Viele Menschen haben wesentlich zur Entwicklung meiner Gedanken beigetragen und mir geholfen, sie in eine lesbare Form zu bringen.

Meine Lektorin, Sandy Vander Zicht, hielt mich dazu an, gründlich nachzudenken, andere Meinungen mit Bedacht zu kritisieren und mich deutlich auszudrücken. Wir waren uns nicht immer einig, aber wir konnten gut zusammenarbeiten. Sie setzte alles daran, damit meine Gedanken gut verstanden werden können. Wenn es über dieses Buch etwas Gutes zu sagen gibt, dann habe ich das in einem nicht geringem Maße ihr zu verdanken.

Sealy Yates, mein Verlagsberater, ist mir ein enger Freund geworden, dem ich sehr vertraue. Er hat es mir ermöglicht, das zu tun, was ich gut kann, indem er das, was er gut kann, gewissenhaft zu meinen Gunsten tat.

Die Mitarbeiter von *Tyndale House* in Cambridge, England, und insbesondere Dr. Bruce Winters haben meiner Frau und mir die drei besten Monate unseres Lebens ermöglicht, eine Zeit des Schreibens und Nachdenkens in der anregenden Atmosphäre eines christlichen Studienzentrums.

Mein ganz besonderer Dank gilt Judy Primeaux, die bereit war, meine handgeschriebenen Seiten zu entziffern und das Manuskript zu tippen – und dies in den freien Minuten eines ausgefüllten Alltags –, weil sie sich für mich einsetzen und über das nachdenken wollte, was ich zu sagen hatte. Danke, Judy!

Ich kann mir kaum vorstellen, ein größeres Projekt in Angriff zu nehmen, ohne auf die Hilfe von folgenden Menschen angewiesen zu sein: Dr. Dan Allender, mein langjähriger Kollege und ein lieber und geschätzter Freund; Dr. Tom Varney, ein weiterer Kollege, dessen Anregungen stets konstruktiv und weise sind; Dr. Bill Crabb, mein Bruder, der ebenfalls Psychologe ist und beim Durchlesen des Manuskripts Dutzende von hilfreichen Vorschlägen brachte; meine Eltern, Larry sen. und Isabel Crabb, deren fünfzigjährige Ehe für mich das beste Vorbild dafür war, wie man als Mann und Frau glücklich zusammenleben kann; meine Mitarbeiter Lori Wheeler, Sue Rike, Cheryl Jones und Natalie Merilatt, die mich auf so vielerlei Weise wunderbar ermutigen.

Mein tiefster Dank und meine Liebe gilt meiner Frau Rachael, mit der ich seit fünfundzwanzig Jahren verheiratet bin. Sie hat mich mehr als irgend jemand sonst gelehrt, wie man die Unterschiede zwischen Mann und Frau genießen kann. Ich habe das Vorrecht, mich Tag für Tag an ihrer Einzigartigkeit zu freuen.

Die Liste ist lang. Mein Dank ist aufrichtig. Ich übernehme selbstverständlich die volle Verantwortung für die Gedanken, die ich in diesem Buch zum Ausdruck bringe.

Einführung

Ein Brief an Ann Landers, die »Briefkastentante« der *Los Angeles Times*, begann mit den Worten: »Ich bin 19 Jahre alt und habe beschlossen, nicht zu heiraten. Warum ich so negativ über die Ehe denke? Ich will es Ihnen erklären.«

Dann führt die junge Frau einige abschreckende Beispiele aus ihrer Verwandtschaft an. Als sie ihre Großtanten, Großmütter und Cousinen nach dem Tod ihrer Männer beobachtete, stellte sie fest: »Auf jede Frau in unserer Verwandtschaft, die nach dem Tod ihres Mannes aufrichtig trauerte, kommen fünf andere, die regelrecht aufblühten, mehr lächelten und interessantere und spannendere Dinge unternahmen. Ihre Lebensqualität verbesserte sich, und sie genießen ganz offensichtlich ihr Witwendasein.«

Wie tragisch, wenn der Tod des Ehepartners eher eine Erleichterung ist als ein Verlust!

Die desillusionierte junge Frau beendete ihren Brief mit einer Bemerkung, die deutlicher die Wurzeln ihrer zynischen Haltung offenbart, als sie es vielleicht wußte oder beabsichtigte: »Mein Vater ist ein finsterer, strenger und freudloser Mensch, und ich bin ziemlich sicher, daß meine Mutter mehr Freude am Leben haben wird, wenn er einmal tot ist.«

Ich wünschte, eine so zynische Einstellung gegenüber der Ehe wäre selten. Aber als Reaktion auf den Brief der Neunzehnjährigen erhielt Ann Landers Hunderte von Briefen von Frauen, die in unglücklichen Ehen gefangen waren. Zwei dieser Briefe wurden später in der *Grand Rapids Press* veröffentlicht. Immer mehr Menschen aus allen Altersgruppen sagen, daß ihrer Erfahrung nach die Ehe — auch die eigene — selbst nach jahrelangem Zusammenleben nicht die Freude und Nähe mit sich bringt, die wir uns alle wünschen. Oft genug besteht eine »gute Ehe« darin, daß man sich in einer angenehmen Routine miteinander arrangiert, so der Einsamkeit entgeht und sein Leben absichert.

Wenn man aber einen Blick unter die dünne Oberfläche des höflichen Umgangs miteinander wirft, entdeckt man Spannungen, Streit und Wutausbrüche, die jede Hoffnung auf ein harmonisches Zusammenleben zerstören. Nur selten findet man Paare, mit denen man für die Ehe werben könnte, um erfüllende Gemeinschaft und tiefe Vertrautheit in einer kalten, gleichgültigen Welt zu erleben.

Keiner von uns ist gegen Zynismus immun. Als ich kürzlich bei der Trauung guter Freunde dabei war, fragte ich mich einen Augenblick lang, ob sie wohl das mitbringen, was man für eine wirklich gute Beziehung braucht. Können sie die Spannungen bewältigen, die unweigerlich entstehen, wenn zwei unvollkommene Menschen, die beide Lasten aus ihrer Vergangenheit mitbringen, ihr Leben miteinander verbinden? Solche Fragen stelle ich mir oft. Ich weiß, daß nur wenige Paare den schrecklichen Zeiten entgehen, in denen die Wut auf den anderen überhandnimmt, der Gedanke an Scheidung verlockend ist und die Hoffnung auf ein glückliches Zusammenleben unrealistisch scheint.

Wenn ich das erwartungsvolle Lächeln auf dem Gesicht der Brautleute sehe, die künftig als Mann und Frau durchs Leben gehen wollen, dann denke ich manchmal an die vielen hundert Paare, die zu mir in die Beratung kamen und die an ihrem Hochzeitstag genauso strahlend lächelten, jetzt aber nicht mehr viel Grund dazu haben. Die Flitterwochen sind vorbei, und sie sind gelangweilt, gereizt und verzweifelt, oder sie haben sich in einer gefühlsarmen Routine voneinander gelöst und finden keine Kraft mehr, sie zu durchbrechen.

Was braucht man, um eine gute Ehe aufzubauen? Ist das überhaupt möglich? Wir haben uns sehr darum bemüht, menschliche Beziehungen besser zu verstehen. Haben wir dabei das gelernt, was man braucht, um einander mit der Zeit immer näher zu kommen, oder führt es uns immer weiter von diesem Ziel weg? Wir wissen viel über Kommunikation, Engagement, Sich-selbst-Verstehen und Wachstum der Persönlichkeit; damit müßte das Bild sich eigentlich aufhellen. Dies ist aber nicht der Fall.

Wenn ich über all die Schwierigkeiten mit der Ehe nachdenke und darüber, was die Bibel zu der Frage sagt, wer wir sind und was mit uns nicht stimmt, dann habe ich den Eindruck, daß unsere Kultur zweitrangige Probleme als die vordringlichsten behandelt; und indem sie sich diesen Problemen intensiv widmet, übersieht sie, was unsere Beziehungen in Wirklichkeit zerstört.

Entweder arbeiten wir mit aller Sorgfalt daran, die genauen Rollen von Mann und Frau festzulegen, und stellen einen pharisäischen Verhaltenskodex auf, der steife, höflich-kühle Beziehungen zur Folge hat. Oder wir legen überaus starken Wert darauf, uns selbst lieben zu lernen und die Schäden wiedergutzumachen, die uns von einer ablehnenden, gefühllosen und brutalen Umwelt zugefügt wurden, nämlich daß »sich selbst zu heilen« wichtiger wird als »sich selbst zu geben«. Dann tauschen wir die kühle Höflichkeit ein gegen eine selbstzentrierte Verletzlichkeit und können auch damit keine vertrauensvolle Beziehung aufbauen.

Entweder versuchen wir uns mit aller Kraft zu bessern und denken, dies sei nur eine Frage der Disziplin, oder wir verwirklichen uns selbst und hoffen, den Haß auf uns und das Gefühl der Leere zu überwinden, denen wir die Schuld für eine schlechte Beziehung geben. Aber keiner dieser beiden Wege führt weg von unserer grundsätzlichen Ausrichtung auf das eigene Wohlergehen und hin zu einem demütigen, freiwilligen Bemühen um das Wohlergehen anderer. Keiner dieser beiden Wege macht aus uns die gebenden Männern und Frauen, die wir sein sollen.

Etwas fehlt bei all unseren Anstrengungen, eine gute eheliche Beziehung aufzubauen. Vielleicht müssen wir erst einen grundlegenden Irrtum klären, bevor unsere Versuche zum Erfolg führen können. Und vielleicht hängt dieser Irrtum damit zusammen, daß wir es verlernt haben, in unserer Einzigartigkeit als Mann und Frau zusammenzuleben. Wenn wir Menschen je nach ihrem Geschlecht in festgelegte Rollen hineinzupressen versuchen, werden sie ihr Mann- und Frausein nur in steifen Formen ausdrücken können. Wenn wir andererseits betonen, daß Mann und Frau gleich wertvoll und in gleicher Weise erlöst sind und folglich die gleichen Befähigungen zum Dienst haben, dann verwischen wir die Unterschiede, mit denen wir füreinander geschaffen wurden, Unterschiede, über die wir uns freuen sollten, anstatt sie als überholt abzutun.

Ich habe dieses Buch geschrieben, weil ich über eine zentrale Frage nachdenken wollte: *Was können Mann und Frau in die Ehe mitbringen, um eine Beziehung aufzubauen, die mit der Zeit immer besser wird? Oder, einfacher gesagt, was brauchen wir, damit unsere Ehe gelingt?*

Wenn wir in der Lage sind, diese Frage zu beantworten, können wir uns auch den Problemen stellen, denen die Ehe heutzutage ausgesetzt ist, können darauf vertrauen, daß es verheirateten Paaren möglich ist, eine vertrauensvolle Beziehung aufzubauen, und können hoffen, daß die Ehe, bei der aus zwei Menschen einer wird, Anlaß zum Feiern gibt und nicht zum Zynismus.

Teil I

Warum Beziehungen scheitern: Das gemeinsame Problem

Kapitel 1

Was stimmt denn nicht mit unserer Ehe?

Hören wir uns einmal die Aussagen von vier Menschen an, die zu mir in die Beratung gekommen waren. Sie alle hatten Probleme in der Ehe.

Ehefrau A: »Ich bin an dem Punkt angekommen, wo ich einfach nicht mehr kann. Ich muß einmal anfangen, an mich selbst zu denken. Ich bin als seine Frau total unglücklich.«

Ehemann B: »Sechsundzwanzig Jahre lang ohne Gefühle – jetzt habe ich genug davon. Wenn sie doch nur einmal zärtlich die Hand nach mir ausstrecken würde und Interesse daran hätte, mir Freude zu bereiten, dann könnte ich es vielleicht aushalten.«

Ehefrau C: »Ich fühle mich irgendwie nicht mehr lebendig. Irgendwann bin ich wohl zugrundegegangen. Er denkt, der einzige Grund, warum es mich gibt, sei, ihn mit Essen, Sex und sauberen Hemden zu versorgen. Ich muß aus diesem Sarg ausbrechen.«

Ehemann D: »Ich weiß nicht, warum, aber das Leben bedeutet mir nicht mehr viel. Ich liebe meine Frau, aber nicht mehr so wie früher. Es ist kein Feuer mehr da. Alles kommt mir so langweilig vor. Es muß doch mehr geben im Leben als nur das.«

Niemand wird bestreiten, daß diese Menschen innerlich verletzt wurden. Jeder von ihnen leidet echten Schmerz. Sie sind wütend, ängstlich, leer, frustriert und verzweifelt.

Die meisten hilfsbereiten Menschen würden versuchen, ihre Schmerzen zu lindern, und sich zunächst einmal um ihre verwundeten Herzen kümmern.

Viele Seelsorger und Therapeuten sähen das genauso. Das Wichtigste ist, die Wunden zu verbinden: man muß das Selbstbewußtsein stärken, die dynamischen Kräfte innerhalb der Persönlichkeit aufdecken, die das freie Ausleben der eigenen Identität blockieren; gegenseitige Abhängigkeiten auflösen; Menschen helfen, zwischen sich und anderen Grenzen zu setzen, die sie vor negativen Einflüssen schützen, und ihnen genug Raum zum eigenen Wachstum verschaffen. Es gibt tausend Strategien, wie man Menschen helfen kann, besser mit sich selbst zurechtzukommen.

Aber richten wir unser Augenmerk doch einmal auf etwas anderes, auf das hinzuweisen fast schon als unbarmherzig gilt, etwas so Offensichtliches, daß wir es nur allzuleicht übersehen: Die vier Eheleute betrachten ihren Schmerz als das wichtigste Problem. Sie drehen sich in erster Linie um sich selber.

Ohne rot zu werden, verteidigt jeder von ihnen zuerst sein eigenes Wohlergehen. Andere Dinge mögen auch wichtig sein, aber nichts ist von größerer Bedeutung als ihr Glück und ihre persönliche Befriedigung.

Als ich mit diesen vier Menschen sprach, stellte sich heraus, daß sie alle ihre Selbstzentriertheit nicht als ernsthaftes Problem ansahen. Sie schien ihnen nicht nur ganz natürlich, sondern auch vollkommen gerechtfertigt.

Was stimmt denn eigentlich nicht mit diesen Männern und Frauen und mit zahllosen anderen, die auch nie das Glück erlebt haben, das die Ehe angeblich schenkt? Liegt das Grundübel in den Verletzungen, die eine mißlungene Beziehung ihnen zugefügt hat? Sind sie verwundete Opfer, die der Heilung bedürfen? Oder gibt es ein Problem, das schlimmer ist als die Verwundungen, die sie davongetragen haben? Gibt es ein ungesundes Eigeninteresse, das nicht normal ist, sondern zerstörerisch wirkt?

Natürlich gibt es ein legitimes Eigeninteresse. Wenn ich im Restaurant etwas zu essen bestelle, dann natürlich etwas, das ich mag. Ich denke dabei an mich selbst. Etwas auszuwählen, was ich nicht ausstehen kann, wäre kein Zeichen reifer Selbstverleugnung, sondern eine unvernünftige Lebensweise. Es ist nicht falsch, meinen geschmacklichen Vorlieben zu folgen, nur um meiner selbst willen. Ebenso ist es nicht selbstsüchtig, jemanden zu heiraten, von dem ich vermute, daß das Zusammenleben mit ihm mir Freude bereiten wird. Alles andere wäre dumm.

Auf mein eigenes Wohlergehen bedacht zu sein, ist an sich keine Sünde, sondern ein natürlicher Instinkt. Gott hat uns alles gegeben, auch unsere Existenz. Er möchte, daß wir auf das achthaben, was er uns gegeben hat. Zur eindeutigen Sünde wird es erst, wenn wir uns selbst zum Mittelpunkt des Universums machen und so den Platz einnehmen, der nur Gott gebührt. Das ist die Definition von Sünde schlechthin.

Wenn unser Eigeninteresse zum Ziel unseres Lebens wird, wenn wir unsere Kräfte voll daran setzen, uns selbst statt anderen zu dienen, dann sind wir in falscher Weise selbstzentriert. Und diese Form des Eigeninteresses ist ein viel ernsteres und gefährlicheres Problem als die Wunden, die andere uns zufügen.

Nur wenige Menschen sind sich jedoch ihrer Selbstzentriertheit bewußt, und ein noch viel geringerer Teil derer, die es bemerken, macht sich auch Sorgen darüber. Meistens wird man zur Selbstzentriertheit auch noch ermutigt: »Wenn du dich nicht deiner selbst annimmst, wer tut es dann?«, »Das solltest du dir nicht gefallen lassen«, »Du mußt dich erstmal um dich selbst kümmern, bevor du anderen etwas geben kannst.«

In jeder, auch in der besten Beziehung gibt es schwere, enttäuschende Augenblicke. Und wenn wir ungerecht behandelt werden, scheint es uns vernünftig und vollkommen gerechtfertigt, daß wir uns mit aller Kraft darum bemühen, ein bestimmtes Maß an persönlichem Wohlergehen zurückzugewinnen.

Menschen sind verletzt, und Menschen sind selbstzentriert. Wir müssen entscheiden, welches das größere Problem ist.

Die Verwundungen, unter denen Männer leiden, sind anders als die, von denen Frauen betroffen sind. In der Ehe beklagen sich die Männer eher über sexuelle Frustrationen, die Frauen mehr über mangelnde Wärme. Diese Unterschiede müssen wir berücksichtigen, wenn wir einander wirklich etwas geben wollen. Aber weder Männer noch Frauen neigen von Natur aus dazu, um anderer willen selbst auf etwas zu verzichten. Wer zu Recht darauf pocht, daß Mann und Frau gleichberechtigt sind, der sollte auch daran festhalten, daß beide gleichermaßen gefallen und deshalb gleichermaßen darauf bedacht sind, ihre eigenen Interessen zu fördern. Worin auch immer unsere Gleichheit und unsere Unterschiedlichkeit besteht, Mann und Frau sind in einer selbstzentrierten Lebenseinstellung gefangen und können nur durch den ständigen Umgang mit einem vergebenden und gnädigen Gott davon befreit werden.

Wir werden mit unseren Bemühungen um eine gute Ehe nicht weit kommen, solange wir nicht begriffen haben, daß die Wiederherstellung einer zerstörten Persönlichkeit und die Heilung unserer seelischen Verletzungen nicht das Allerwichtigste sind. Zunächst einmal müssen wir mit unserer subtilen, alles durchdringenden, sturen Selbstzentriertheit fertig werden.

Diese ist die Wurzel jeder schlechten Beziehung. Mangelnde Gesprächsbereitschaft, unbeherrschtes Auftreten, ungesunde Reaktionen auf ein negatives familiäres Umfeld, gegenseitige Abhängigkeit und ein schwieriger Charakter – all das entstammt, sofern es keine medizinischen Ursachen hat, dem »Sumpf« der Selbstzentriertheit.

Bevor wir darüber sprechen können, wie man spannungsgeladene Ehen in Ordnung bringt, bevor wir uns Gedanken darüber machen, welche Unterschiede zwischen Mann und Frau bestehen und wie wir uns an ihnen freuen können, bevor wir uns von unseren Verletzungen erholen, müssen wir mit dem uns allen gemeinsamen Problem der Selbstzentriertheit fertig werden, und zwar so, daß wir dabei zu Menschen werden, die auf andere zentriert sind.

Zwei Wege

In christlichen Kreisen gibt es zwei Vorgehensweisen, mit denen man eine gute Beziehung aufzubauen gedenkt. Sie sind sehr unterschiedlich, und beide sind weit davon entfernt, das Problem der Selbstzentriertheit zu bewältigen. Die erste gründet sich auf die Ansicht, Leiden sei eine nicht hinnehmbare Verletzung der menschlichen Würde, und nichts sei von größerer Bedeutung als die Heilung von seelischen Verletzungen und die Wiederherstellung der Identität. Die Verletzung wird als ein größeres Problem gesehen als die Selbstzentriertheit.

Bei der zweiten Vorgehensweise werden verletzte Menschen mit biblischen Maßstäben so erschlagen, daß sie dadurch nicht zu Christus und zu einem selbstlosen Leben getrieben werden, sondern in die Frustration, wenn sie versagen, oder in den Hochmut, wenn sie Erfolg haben. Die Vertreter dieser Vorgehensweise sehen in der Selbstzentriertheit nur isolierte sündige Handlungen, die man durch Ermahnungen und Zurechtweisungen beheben kann. Sie gehen mit dem Hammer gegen die Sünde vor, von der sie ein oberflächliches Verständnis haben, und zeigen kein Einfühlungsvermögen gegenüber Verletzung und Schmerz.

Während die erste Vorgehensweise die seelische Verwundung zum eigentlichen Problem macht, nimmt dieser zweite Ansatz davon gar keine Notiz. Doch weder den Humanisten, die das Prinzip der Selbstverwirklichung in den Mittelpunkt rücken, noch den selbstgerechten Pharisäern, die auf die Einhaltung des Gesetzes pochen, gelingt es, wieder Freude in eine Ehe zu bringen.

Selbstverwirklichung

Sehen wir uns einmal an, was die Vertreter der ersten Vorgehensweise – bei ihnen ist Selbstverwirklichung der Schlüssel – den vier innerlich verletzten, selbstzentrierten Eheleuten raten würden, die wir zu Beginn dieses Kapitels kennengelernt haben.

Antwort an Ehefrau A: »Wir wollen Ihre seelische Verwundung genauer ansehen und uns dann überlegen, was wir tun müssen, um Ihren Schmerz zu lindern.«

Antwort an Ehemann B: »Ich frage mich, ob Sie sich nicht schon lange nach mehr Zuneigung sehnen. Ihre starke Reaktion auf die Gefühlskälte Ihrer Frau ist vielleicht auf eine tiefe Verunsicherung zurückzuführen, an der wir arbeiten sollten.«

Antwort an Ehefrau C: »Natürlich sind Sie mehr als nur Köchin, Sex-Gefährtin und Waschfrau. Vielleicht hatten Sie ja Angst davor, das zu sein, was Sie wirklich sind, weil Sie fürchteten, keiner wolle Sie so. Wenn Sie es lernen, die vernachlässigten Aspekte Ihrer Persönlichkeit zu fördern, dann wird vielleicht auch Ihr Mann mehr in Ihnen sehen als ein nützliches Objekt. Und selbst wenn er es nicht tut, werden Sie mit sich selbst zufriedener sein.«

Antwort an Ehemann D: »Sie scheinen davor zurückzuscheuen, neue Wege einzuschlagen. Ihre Langeweile könnte die Folge eines negativen Bildes von sich selbst sein, das Sie davon abhält, Neues auszuprobieren und Risiken einzugehen, sowohl mit Ihrer Frau als auch im Berufsleben.«

Hinter diesen Antworten steht die Vorstellung, ein leeres, eingeschränktes, gelangweiltes Selbst sei die Ursache allen Übels. Die Lösung des Problems lautet Selbstverwirklichung. Gott ist hier die große Kraftquelle, der Befreier, der die Ketten der Selbstbeschränkung löst, um uns die freie Entfaltung unseres Menschseins zu ermöglichen. Weil Jesus für uns starb, können wir die Gelegenheiten beim Schopf packen, um unser Potential auszuleben und das Risiko einer Ablehnung durch andere zu tragen. Statt zur *Erlösung* von unseren Sünden wird der Tod Christi zum *Balsam* für unsere Wunden und das Fundament, auf dem wir unsere Identität aufbauen.

Selbstzentriertheit wird als ein weniger wichtiges Problem beiseite geschoben. Was wir wirklich brauchen, sei Selbstverwirklichung und die Freiheit, die dann entstehe, wenn wir uns als lebendigere Menschen fühlten. Wie so viele schlechte Ansichten, so ist auch diese als Reaktion auf eine entgegengesetzte und nicht weniger falsche Haltung entstanden, die mit dem Problem der Selbstzentriertheit ebenfalls nicht besser fertig wird.

Moralischer Druck

In konservativen Kreisen wurde der christliche Glaube nur allzu oft auf einen freudlosen Moralismus reduziert, ein Raster bestimmter Normen, die erfüllt werden müssen, um zu zeigen, daß man wiedergeboren ist. Während die oben beschriebene Haltung den christlichen Glauben als Gelegenheit zur Selbstverwirklichung darstellt, sprechen die Vertreter der zweiten

Vorgehensweise vor allem von Pflichten und Geboten. Moralisten würden den vier Eheleuten ganz andere Antworten geben:

Antwort an Ehefrau A: »Sicherlich ist es schwer, mit einem so gemeinen Menschen wie Ihrem Mann zusammenzuleben. Aber Gott erwartet das von Ihnen — und er verlangt nie etwas von uns, ohne uns auch die Kraft dazu zu geben.«

Antwort an Ehemann B: »Es mag ja schwer sein, mit der Gefühlskälte Ihrer Frau fertig zu werden, aber das ist kein Grund, sie zu verlassen.«

Antwort an Ehefrau C: »Es ist traurig, daß Sie sich so leer und verbraucht fühlen. Aber Ihre Aufgabe als Frau besteht darin, sich Ihrem Mann unterzuordnen — und das Wissen, daß Sie Gott gehorsam sind, wird Ihnen Freude bereiten.«

Antwort an Ehemann D: »Ob das Feuer noch brennt oder nicht, Gott gebietet Ihnen, Ihre Frau zu lieben. Denken Sie daran, daß Liebe kein Gefühl ist. Ihre Frau zu lieben ist die Entscheidung, gut zu ihr zu sein und diesem Entschluß auch Taten folgen zu lassen. Tun Sie das, was die Liebe fordert.«

Natürlich enthalten diese Antworten viele gute und richtige Gedanken, aber es besteht trotzdem die Gefahr, in eine gesetzliche Haltung abzugleiten, die jede Freude abtötet. Sie gibt dem anderen zu verstehen: »Du darfst die Gnade Gottes nicht für dich in Anspruch nehmen, solange du nicht mit deinem Verhalten zeigst, daß du dir Mühe gibst.«

Die Gesetzlichkeit macht im Grunde genommen ein bestimmtes Verhalten zu einem wichtigeren Kennzeichen des christlichen Lebens als die Einladung des Herrn, sich an ihm zu freuen. Der Kreuzestod Jesu wird zur Grundlage für ein Leben unter Druck. Wir stehen einer Liste von Anweisungen gegenüber, die von kirchlichen Autoritäten aufgestellt wurden, die Menschen noch nie als Persönlichkeiten betrachtet haben: als Menschen, die Schmerzen leiden, weinen, sich einsam fühlen und Erinnerungen an schreckliche Dinge mit sich herum tragen, die ihnen mitten in der Nacht angetan wurden, als sie noch Kinder waren.

Für gesetzliche Menschen existieren Begriffe wie *Authentizität* und *Persönlichkeit* kaum. Statt dessen werden Worte wie

Autorität und *Gehorsam* dazu mißbraucht, eine rigorose Anpassung an auferlegte Normen durchzusetzen. Anpassung wird dann als geheiligtes Leben betrachtet. Gott immer ähnlicher zu werden, wird zwar zu Recht für wichtiger gehalten als Selbstverwirklichung, aber sie wird falsch definiert als »das Richtige tun«, statt »Gott und andere zu lieben«.

Wer Heiligung nur an Äußerlichkeiten mißt, denkt wenig darüber nach, was im Herzen eines Menschen vorgehen mag. Lust und Freude gehen verloren, und die Gnade wird verdunkelt, wenn wir den Gehorsam gegenüber biblischen Normen so lehren, daß wir Menschen unter Druck setzen, das Richtige zu tun, um bei Gott Gefallen zu finden.

Anstatt mit Gott als Personen in Verbindung zu treten, denen Vergebung zuteil wurde und die zu einem sinnvollen und erfüllten Leben berufen sind, versuchen Moralisten, Menschen in Schubladen zu stecken. Wer hineinpaßt (manche denken das von sich), der wird hochmütig. Wer nicht hineinpaßt, fragt sich, warum er nicht so geistlich sein kann wie alle anderen.

In einem kalten Klima der Gesetzlichkeit, wo Predigten wie eine Tracht Prügel wirken, kann man unschwer nachvollziehen, daß Gedanken, die Freiheit versprechen, großen Anklang finden: Freiheit als die Gelegenheit, wieder ein lebendiger Mensch zu werden, innere Verwundungen zu heilen, sich seinen Problemen aufrichtig zu stellen und etwas dagegen zu unternehmen, zur Abwechslung einmal darüber nachzudenken, wer man selbst ist, zu tun, was man will, und seine eigenen Talente, Meinungen und Gefühle zu entfalten. Statt einer Tracht Prügel Ermutigungen zu bekommen, auch wenn sie falsch sind, wird von vielen begrüßt. Selbstverwirklichung ist attraktiver als eine rigorose Moralität.

Auswirkungen auf die Ehe

Mit seiner Betonung eines Lebens nach strengen Vorschriften und einem Funktionieren innerhalb vordefinierter Rollen hat das moralisierende Christentum viel Schaden angerichtet. Und nirgends ist der Schaden schlimmer als in der Ehe.

Im Namen der Unterordnung haben Ehefrauen jeden nur erdenklichen Mißbrauch zu erdulden. Sie meinen, still halten zu müssen, während ihr Mann sie verprügelt; sie zwingen sich dazu, mit ihm zu schlafen, auch wenn sie müde sind, nur um nicht Gottes Mißfallen und den Zorn ihres Mannes zu erregen.

Viele leben innerhalb der engen Grenzen dessen, was Frauen tun dürfen, wobei diese Beschränkungen eher auf das männliche Ego als auf das klare Zeugnis der Heiligen Schrift zurückzuführen sind. Und ihr Leben hat dadurch jeden Sinn und jede Freude verloren. Ein Christentum, das die Einhaltung von Regeln für wichtiger hält als das Leben in einer Beziehung, kann keine Unklarheit und keine Freiheit dulden, vor allem, wenn es um die Pflichten der Frau geht.

Sehr viel öfter, als man es vermuten würde, haben Männer die biblische Lehre vom Hauptsein des Mannes als Rechtfertigung genommen, um über ihre Frauen zu herrschen, in einigen Fällen sogar, um sie herumzukommandieren wie einen Hund. Daß der Mann das Haupt der Frau ist, ein Prinzip, das aus Epheser 5 stammt, wurde traditionell so verstanden, daß der Mann zu Hause und in der Gemeinde die Führung übernimmt. Die biblische Lehre unterstützt jedoch niemals die menschliche Neigung, als machthungriger Despot zu herrschen. Soll die Frau wirklich eine Tasse Kaffee holen, wenn der Mann mit dem Finger schnippt? Männer, die nicht einmal dazu bereit sind, ihrer Frau die Füße zu waschen (geschweige denn, das Geschirr abzuwaschen) und die Meinung ihrer Frau so sehr zu respektieren, daß sie auch danach handeln, haben weder verstanden, was dienendes Führen bedeutet, noch haben sie ihre eigene Arroganz erkannt.

Moralismus schadet aber auch den Männern, jedoch auf andere Weise. Viele Ehemänner sind unter der Last falscher Vorstellungen über ihre Rolle als Mann zusammengebrochen. Sie merken, daß sie einfach nicht so stark und nicht so weise sind, wie sie es ihrer Meinung nach sein müßten. Manche von ihnen wenden sich der Pornographie zu, begehen Ehebruch, verfallen in Depressionen oder flüchten sich in die Arbeit, um dem Druck zu entfliehen, mehr sein zu müssen, als sie sind. Natürlich ist Ehebruch falsch. Ebenso falsch ist die Forderung, allem zu entfliehen, denn sie führt zum Ehebruch. Aber der Druck, falsche Normen erfüllen zu müssen, kann so stark werden, daß alles, was Erleichterung verspricht, gerechtfertigt scheint.

Umdenken ist gefragt

Die oben beschriebene Haltung ist in vielen christlichen Kreisen zur Tradition geworden. Was wir aber brauchen, ist ein Denken, das so alt ist wie die Bibel selbst. Um zu verstehen, was das eigentliche Wesen der Sünde ist, müssen wir tiefer gehen als das *moralistische* Sündenverständnis. Wir müssen erkennen, wie unsere Selbstzentriertheit entsteht, wenn schlimme Erlebnisse uns tiefe Wunden zufügen, wie wir uns bemühen, unsere Unversehrtheit in einer zerstörerisch wirkenden Umwelt zu bewahren, wie wir zornig werden auf andere, die uns verletzen, und auf einen Gott, von dem wir nicht erhoffen können, daß er uns vor den ernsthaften Verletzungen des Lebens bewahrt, und wie wir mit diesem Zorn umgehen sollen. Unsere Verletzungen dürfen uns nicht gleichgültig sein, wir dürfen aber darüber nicht das noch ernstere Problem unserer Selbstzentriertheit vergessen.

Ich möchte dies anhand eines Beispieles verdeutlichen. Einmal sprach ich in einer Gemeinde in Pittsburgh über den Aufbau guter Beziehungen. Nachdem ich einen meiner Vorträge beendet hatte, kam eine Frau in braunen Hosen und einer modischen Bluse auf mich zu.

»Dr. Crabb, es hat mir gut gefallen, was Sie über das Aufbauen dauerhafter Beziehungen gesagt haben«, begann sie, »aber ich habe ein echtes Problem. Egal wie nett jemand zu mir ist, ich muß mich immer fragen, ob er mich wirklich mag. Ich denke ständig, er könnte mir jeden Moment in den Rücken fallen.«

Ich fragte sie, ob sie eine Ahnung hätte, warum sie so reagiere. Daraufhin erzählte sie mir eine tragische Geschichte.

Diese Frau war von Eltern erzogen worden, die man im Grunde nur als unvergleichlich böse bezeichnen kann. Von ihrem fünften bis zu ihrem zehnten Lebensjahr »zahlte« ihr Vater sie jeden Monat als Mietzins an den Hausbesitzer. Jedesmal wenn er sie zum Haus dieses Mannes fuhr und wußte, daß seine Tochter dort zu perversen sexuellen Praktiken gezwungen würde, dankte er ihr sehr liebevoll für die »Hilfe«, die sie für die Familie darstellte.

Ich war noch voller Entsetzen über diesen Bericht, als sie mir von einem weiteren Zwischenfall erzählte.

Sie war etwa drei Jahre alt, als sie in ihrem Zimmer im zweiten Stock einen alten Lüftungsschacht im Boden entdeckte. Der Schacht führte direkt in die Decke des darunterliegenden Wohnzimmers, und wenn sie sich flach auf den Boden legte und ihr Gesicht gegen das Eisengitter preßte, konnte sie ins Wohnzimmer hinunterblicken, ohne gesehen zu werden.

Einige Tage vor Weihnachten beobachtete sie durch ihr Guckloch ihre Eltern beim Einpacken der Geschenke. Sie war so glücklich und aufgeregt, träumte von Puppen, Spielzeug und schönen Kleidern, daß sie nicht bemerkte, wie ihre Mutter den Raum verließ.

Plötzlich hörte sie Schritte hinter sich und als sie sich umdrehte, sah sie ihre Mutter in der Tür stehen. Anstatt sich darüber zu amüsieren, daß ihre Tochter solchen Spaß am Auskundschaften hatte, und sie liebevoll zu ermahnen, noch ein paar Tage zu warten, bis der Weihnachtsmann kommen würde, wurde die Mutter wütend. Sie packte das Kind, riß das Gitter hoch und steckte das Kind in den Schacht hinein. Dann schloß sie das Gitter und ließ das kleine Mädchen drei Tage lang in diesem Schacht.

Als ich diese entsetzlichen Dinge hörte, wünschte ich sofort, die Eltern dieser Frau wären in Reichweite. Ich hätte sie am liebsten verprügelt, gewürgt und ihre Köpfe solange gegen die Wand geschlagen, bis sie bluteten. Selbst heute schäme ich mich nicht allzu sehr für diese Reaktion.

Ohne ihr Verschulden war diese Frau Opfer unaussprechlichen Leides geworden. Sie brauchte Ermutigung, Mitgefühl und Bestätigung.

Aber als sie mir dann erzählte, wie schwer es ihr falle zu

glauben, daß andere es gut mit ihr meinten, wurde mir klar, daß sie mehr tun mußte, als nur die Bosheit ihrer Eltern zu verarbeiten und den Schaden zu heilen, den ihre Persönlichkeit durch die brutale Behandlung erlitten hatte.

Nachdem wir etwas ausführlicher über ihre schreckliche Vergangenheit gesprochen hatten, sagte ich zu ihr: »Es mag Ihnen vielleicht als seltsame Frage erscheinen, aber sind Sie fähig, Gott zu loben?«

»Nein!« war ihre spontane Antwort. »Ich kann mich erinnern, daß ich zu Gott betete, als ich in diesem Schacht steckte, und ihn bat, mich sterben zu lassen. Ich glaube, das war das erste Mal, daß ich überhaupt gebetet habe. Und er gab mir keine Antwort. Wie kann ich einen Gott loben, der ein kleines Mädchen nicht vor solchen Mißhandlungen schützt?« Sie war wütend auf Gott.

Von ihren Eltern mißhandelt und mit dem Gefühl, von Gott verlassen zu sein, kam sie zu der Überzeugung, daß es nur eine Person gab, der sie vertrauen konnte – sie selbst.

Folglich stellte sie in all ihren Beziehungen die Bedingung, andere müßten erst einmal beweisen, daß sie ihr Vertrauen verdient hatten. Sie verwandte viel Energie darauf festzustellen, ob andere Menschen sie wirklich mochten. Wenn sie in deren Zuneigung irgendeinen Fehler fand, was natürlich immer der Fall war, zog sie sich wütend zurück, genau so wie sie es mit Gott getan hatte.

Für sie war das Gebot, andere zu lieben, eine unerträgliche Last, die ein gefühlloser Gott ihr auferlegte, und es machte sie noch zorniger, wenn sie ermahnt wurde, sich mehr um andere zu kümmern. Ihre Bemühung, ihr eigenes Ich gegen die Brutalität einer gleichgültigen Welt zu schützen, schien nicht nur notwendig, sondern vollkommen legitim. Daß sie sich in erster Linie um sich selbst kümmerte, fand sie nicht stur, arrogant oder falsch. Für sie war es absolut gerechtfertigt, notwendig und richtig.

Diese Frau führte ein selbstzentriertes Leben.

Wenn sie jemals wieder Freude daran haben wollte, eine Frau zu sein, dann brauchte sie mehr als Verständnis und Bestätigung, mehr als ihren schrecklichen Eltern vergeben zu können. Sie brauchte selbst Vergebung für ihre verbissene Entschlossenheit, sich selbst aus eigener Kraft zu finden, eine Lebenshaltung, durch die sie Tag für Tag das Gebot verletzte, Gott und die Mitmenschen zu lieben.

Das Leben des Christen gründet sich von Anfang an und immer wieder auf die Vergebung und nicht auf das Versprechen, in einer schwierigen Welt Schutz und Hilfe zu erhalten. Solange diese Frau nicht in ihrer Selbstzentriertheit ein weitaus ernsteres Problem erkannte als in den Verletzungen und Enttäuschungen, die das Leben ihr gebracht hatte – so entsetzlich diese auch waren –, solange würde sie immer wieder Hilfe von Gott fordern, anstatt zu lernen, ihm demütig für seine Vergebung zu danken.

Wenn wir einigermaßen gute Beziehungen haben wollen, dann müssen wir begreifen, was für ein ernstes Problem unsere Selbstzentriertheit ist, dann müssen wir aufhören, eine trotzige Haltung der Unabhängigkeit von Gott zu rechtfertigen, dann müssen wir dahin gelangen, daß wir die *Gnade* Gottes als unseren wertvollsten Besitz erkennen.

Kapitel 2

Ehrliche Selbsteinschätzung

Soll ein Seelsorger die Partner in einer schwierigen Ehe dazu ermutigen, ihre jeweiligen Verletzungen zu untersuchen, um sie zu heilen, oder soll er ihnen lieber die Pflichten vor Augen führen, die sie als Mann und Frau zu erfüllen haben?

Wenn er meint, eine Welt, die uns enttäuscht und Leid zufügt, habe die menschliche Persönlichkeit so sehr beschädigt, daß zunächst einmal Heilung nötig ist, bevor etwas anderes unternommen werden kann, so wird er sich für die erste Möglichkeit entscheiden. Wenn er aber in den Eheproblemen lediglich das Versagen sieht, den Willen Gottes zu erfüllen, dann wird ihm die zweite Lösung als die richtige erscheinen.

Wer aber erkannt hat, daß Selbstzentriertheit tief in der menschlichen Seele verwurzelt ist, daß sie mit erstaunlicher und subtiler Kraft sogar bei Christen wirksam ist, der muß einen anderen Weg einschlagen. Ehrlich zuzugeben, daß wir tief verletzt wurden, hat seine Berechtigung (es ist sogar sehr wichtig), und uns im Gehorsam gegenüber Gott zu üben, ist immer notwendig. Aber wenn sich die Selbstzentriertheit unaufhaltsam in all unseren Beziehungen eingenistet hat, dann genügt es nicht, unsere Wunden zu pflegen oder gute Vorsätze zu fassen.

Wie können wir die Selbstzentriertheit in den Griff bekommen, die uns aller Freude beraubt und unserem Partner manches Gute vorenthält? Wie werden wir zu Menschen, die so auf andere ausgerichtet sind, daß unser Partner es spüren kann? Der erste Schritt besteht vielleicht darin, daß wir uns ehrlich bewußt machen, was in uns vorgeht, wenn wir zu anderen in Beziehung treten, und darüber nachdenken, was sich unter der Oberfläche abspielt.

Mit anderen zurechtkommen

Wie können wir bloß alle miteinander zurechtkommen? Jeder Mensch, den ich treffe, hat irgend etwas, was mir an ihm nicht gefällt. Und wir alle kommen in unserem Leben irgendwann an den Punkt, wo wir erkennen, daß niemand sich so beständig und vollkommen um uns kümmert, wie wir es uns wünschen.

Die meisten Menschen zeigen sich hin und wieder von ihrer schlechtesten Seite; wir alle können gedankenlos, schnippisch und gemein sein. Wenn wir einmal über unsere oberflächlichen Gespräche hinauskommen, stellen wir schnell fest, daß der, mit dem wir uns unterhalten – sei es unser Ehepartner, unsere Mutter, unser Kind, Freund oder Pastor –, eigentlich mehr um sein *eigenes* Wohlergehen besorgt ist als um das unsere. Manche verbergen ihr Eigeninteresse hinter der Fähigkeit, zuhören zu können und dem anderen ein gewisses Maß an Wärme zu schenken. Andere dagegen stellen es ungeniert zur Schau.

Eine plötzliche Erkenntnis, die manchmal sehr ungelegen kommen kann und uns die gute Laune verdirbt, zeigt uns, daß wir dieselben Fehler an uns tragen. Genau wie die anderen, die wir kritisieren, kümmern auch wir uns um niemanden so sehr wie um uns selbst. Aber bei uns erscheint uns das nicht so schlimm wie bei den anderen. Unser Eigeninteresse ist ganz einfach da, ohne daß wir etwas dazu beigetragen haben. Es ist etwas so Natürliches wie das Atmen.

Was wir tun und wie wir anderen gegenüber empfinden, ist für uns völlig verständlich. Wir wissen, wie unsicher und ängstlich wir uns fühlen, wie sehr die Verletzungen, die man uns zugefügt hat, unser Vertrauen zerstört haben. Und wir wissen auch, wie schwer es sein kann, sein Leben so gut zu bewältigen, wie wir es tun. Manchmal ist allein schon das Aufstehen und Zähneputzen ein heldenhafter Akt.

Für manche von uns leitet das morgendliche Klingeln des Weckers nur wieder einen Tag voller Kämpfe ein: gegen die Versuchung, uns vor Kummer den Bauch vollzuschlagen, gegen abnormale sexuelle Triebe, die wir kaum unter Kontrolle halten können. Andere haben gewöhnlichere, aber nicht weniger ermüdende Kämpfe auszutragen: drei Kinder zum viertausendsten Mal für die Schule fertigzumachen, dem Vorstand der Firma wieder einen entmutigenden Bericht vorlegen zu müssen, sich durch den schrecklichen Verkehr zu quälen, unterwegs zu einer Arbeit, die wir nicht mögen, und sich zu fragen, wie wir die Einsamkeit durchstehen sollen, die uns abends zu Hause überfällt. Die meisten von uns sind müde — sehr, sehr müde, und die Zukunft sieht düster aus.

Wir alle leben mit schmerzlichen Erinnerungen und Gedanken, manche sind verblaßt, andere haben wir noch ganz deutlich vor Augen; sie gehören der Vergangenheit an und sind doch auf merkwürdige Weise präsent. Zum Beispiel demütigende Augenblicke: Als unser Vater uns vor unseren Freunden fragte: »Warum machst du eigentlich immer noch ins Bett?« Wir denken daran, wie wir falsche Dinge tun und nicht davon ablassen können und trotzdem bei Freunden über andere herziehen, die dasselbe tun. Wir leiden unter immer wiederkehrenden Alpträumen, in denen wir emotional, körperlich und sexuell mißbraucht werden.

Aber keiner weiß, welche Kämpfe wir auszutragen haben, oder zumindest weiß es keiner so gut wie wir selbst. Ein paar engen Freunden gegenüber machen wir vielleicht eine Andeutung, oder wir vertrauen uns in einem mutigen Augenblick einem besonderen Freund oder einem Seelsorger an. Und es tut uns gut, unsere Last mit jemandem zu teilen und zu sehen, daß unser Freund zu uns hält und sich nicht von uns zurückzieht. Aber egal wie mitfühlend unsere Freunde sind, keiner spürt den Schmerz in unserem Herzen so wie wir.

Wenn die anderen nur wüßten

Wir glauben, daß andere uns weniger hart für unsere Selbstzentriertheit verurteilen würden, wenn sie wüßten, wie groß unser Schmerz ist. Niemand kritisiert einen Mann, der während der Predigt plötzlich die Kirche verlassen hat, sobald man weiß, daß er eine Nierenkolik hatte.

Wenn die anderen wirklich wüßten, wie es um uns steht, würden sie uns eher dafür bewundern, daß wir inmitten unserer Schwierigkeiten noch ganz gute Eigenschaften entwickelt haben. Das Bemühen um unser eigenes Wohl scheint uns verständlich. Und wenn wir glauben, daß verstanden zu werden das Wichtigste ist, dann halten wir unser Eigeninteresse nicht nur für gerechtfertigt, sondern für vollkommen normal.

Aber keiner weiß wirklich, was wir durchgemacht haben. Und so kritisieren sie uns unfairerweise dafür, daß wir uns nicht genug um sie kümmern. Es gelingt uns nie, anderen alles zu vermitteln, was in uns vorgeht; wir fühlen mehr, als wir in Worte fassen können, und merken schnell, daß uns sowieso niemand so richtig zuhört. Also machen wir weiter, sind wütend, fühlen uns müde, aber auch ein wenig heroisch, wie wir so dasitzen in unserer unverstandenen Isoliertheit.

Unsere einzige Hoffnung ist Gott. Er versteht uns, er ist bei uns, er würdigt unsere Bemühungen, er weiß, wie schwer das Leben sein kann. Dann fühlen wir uns besser, sind gestärkt in unserer Selbstbewunderung durch unser Bild von Gott als einem lieben Großvater, der verständnisvoll seufzt, wenn er sieht, wie wir uns abmühen. Er weiß alles, darum ist er beeindruckt von uns — glauben wir.

Manche Menschen aber gestatten es sich nie, sich so einsam zu fühlen. Sie tun so, als ob sie sich nicht nach stärkerer Liebe, nach sinnvollerem Leben und tieferen Beziehungen sehnten. Es gelingt ihnen, die meiste Zeit fröhlich zu sein.

Einige wenige, die wirklich glücklich zu schätzen sind, wissen, daß das, wonach sich ihre Seele sehnt, einmal kommen wird. Sie freuen sich über das Gute, das sie jetzt haben, und ertragen mit fröhlichem Gleichmut die Unvollkommenheiten. Diese reifen Christen sagen, daß sie eine tiefe Sehnsucht verspüren nach dem, was sie noch nicht haben, eine tiefe Sehnsucht, die manchmal zu einem tiefen seelischen Schmerz wird. Jeder aufrichtige Christ empfindet Schmerz. Reife aufrichtige Christen wissen, was leiden heißt, aber sie hüllen ihren Schmerz in die Freude des Dienens und die Freude über das, was kommen wird.

Die meisten von uns kämpfen jedoch mit falschem Edelmut

weiter und verbergen ihren Zorn darüber, daß Gott sie so mangelhaft beschützt, hinter der Vorstellung, daß er ihr ehrliches Bemühen, treu zu bleiben, gnädig anerkennt.

Wo wir einander nichts mehr vormachen können

Es gibt jedoch einen Ort, wo wir unseren mühsamen Kampf, mit anderen auskommen zu müssen, die nicht genug Verständnis für uns haben, nicht verbergen können, einen Ort, wo falscher Edelmut ein schwacher Trost ist — und das ist die Ehe.

Von Freunden kann man weit weggehen. Manche »Freundschaften« haben sich nur deshalb gehalten, weil man weit voneinander entfernt ist. Wenn ein Freund wegzieht, dann schrumpft die »Beziehung« oft auf einen rasch hingekritzelten Weihnachtsgruß.

Ehepaare aber haben diese Möglichkeit nicht. Getrennt zu leben kann ein verlockender Gedanke sein, aber eine dauerhafte Lösung ist es nicht. Mann und Frau sollen zusammen leben, zusammen schlafen, zusammen essen, eine gemeinsame Kasse haben, den Urlaub zusammen verbringen, sich gemeinsam mit Freunden treffen, die Kinder miteinander erziehen, zusammen zum Gottesdienst gehen, Konflikte gemeinsam bewältigen.

Wie aber soll uns das mit einem Menschen gelingen, der uns weder ganz versteht, noch sich ganz um uns kümmert, mit jemandem, der so egoistisch sein kann? Natürlich sind viele der Meinung, daß ein paar getrennte Interessen und Freunde, vielleicht sogar ein getrennter Urlaub hilfreich sein können. Aber zusammen zu sein, das Leben miteinander zu verbringen — gerade darin sollte doch das einzigartige Glück der Ehe liegen.

Für manche ist das so, für viele aber nicht. Fast die Hälfte aller Ehepaare, in und außerhalb der christlichen Gemeinde, kommen irgendwann an den Punkt, wo sie das Zusammenleben nur schwer ertragen, es als so schmerzlich und zerstörerisch empfinden, daß eine sofortige und endgültige Trennung notwendig scheint, um selbst zu überleben, heil zu bleiben und noch irgendeine Hoffnung auf ein glückliches Leben zu haben.

(Nebenbei bemerkt: Wenn wir glauben, daß unser persönliches Überleben auf dem Spiel steht, dann schieben wir die Frage, ob wir ethisch richtig handeln, gerne in den Hintergrund.)

Böses Erwachen nach der Hochzeit

Niemand heiratet mit dem Vorsatz, unglücklich zu werden. Darum erleben viele Männer und Frauen nach ihrer Hochzeit eine böse Überraschung. Wie viele Frauen meinten, breite Schultern seien das Zeichen für einen starken Charakter, und gerieten an einen gutgebauten Schwächling. Wie viele glaubten, der Ehrgeiz und der Universitätsabschluß ihres Mannes versprächen ein interessantes, finanziell abgesichertes Leben, und entdeckten plötzlich, daß dies die Vernachlässigung der Familie, eine Achtzig-Stunden-Woche und ein Herzleiden bedeutete.

Einmal sprach ich in Arkansas vor einer Gruppe von Gemeindeleitern über biblische Seelsorge. Nachdem ich einen Vortrag über die Ehe gehalten hatte, kam ein gutgekleidetes Ehepaar, beide etwa Anfang Dreißig, auf mich zu. Er, groß und modern angezogen, gab sich unbekümmert und selbstbewußt. Sie, schön und in ein gutgeschneidertes Designer-Kostüm gekleidet, lächelte nervös und trat von einem Bein auf das andere.

»Dr. Crabb«, sagte der Mann, »Ihr Vortrag hat mich angesprochen. Haben Sie ein paar Minuten Zeit für uns?«

Wir zogen uns an einen ruhigen Ort zurück, und er begann: »Gott hat uns zwei wunderbare Kinder geschenkt, ein gutes Einkommen und ein interessantes Leben. Wir haben uns sehr gern, aber manchmal denke ich, daß irgend etwas fehlt.« Er sprach mit ungetrübter Ruhe.

Ich fühlte mich wie ein völlig unbeteiligter Zuhörer. Er hätte mir etwas aus dem Telefonbuch vorlesen können, und es hätte die gleiche Wirkung auf mich gehabt.

Weil wir wenig Zeit hatten, wagte ich etwas, was ich sonst nicht tue. Ich wandte mich an seine Frau und sagte: »Lassen Sie mich raten. Sie würden jetzt am liebsten laut schreien, aber Ihr

Mann ist so nett und sorgt so gut für Sie, daß Sie meinen, Sie allein seien schuld an Ihrer Frustration. Wenn Sie ehrlich wären, würden Sie ihm sagen, daß er in Ihnen überhaupt keine Gefühle weckt und daß Sie seinen Charme und sein Geld hassen, weil er Ihnen nicht die emotionale Zuwendung schenkt, die Sie sich wünschen.«

Sie brach in Tränen aus. »Ja, genauso fühle ich mich. Als ich ihn heiratete, war er auf dem Weg zum Erfolg, und ich dachte, er sei genau der Mann, den ich mir wünschte. Wir haben alles, was man mit Geld kaufen kann, aber in Wahrheit haben wir nichts. Ich würde alles hergeben, wenn ich nur wüßte, daß er wirklich *mich* will. Ich hätte nie gedacht, daß es einmal so enden würde.«

Auch Männer können sich in ihrer Partnerin irren. Ein Freund von mir, der sich auf den Missionsdienst vorbereitete, fühlte sich zu einer Frau hingezogen, weil sie so ruhig, beständig und gläubig war. Er meinte, diese Eigenschaften wiesen auf einen reifen, starken Charakter hin und würden der Frau die Kraft geben, in guten wie in bösen Tagen treu zu ihm zu stehen.

Er hatte sich geirrt. Die Schüchternheit während der Flitterwochen wich bald einer aktiven Kälte und völligem Desinteresse an körperlichem Kontakt. Das Problem war unerklärlich, bis ein Therapeut Jahre später herausfand, daß sie von ihrem Vater, einem hochangesehenen christlichen Leiter, sexuell mißbraucht worden war. Was mein Freund für geistliche Stabilität gehalten hatte, stellte sich später als ein innerer Schutzwall heraus, der mit ganzer Entschlossenheit aufrechterhalten wurde und mit dem unerträgliche Erinnerungen verdrängt werden sollten.

Auch Flitterwochen sind einmal zu Ende

Keine Ehe ist frei von Spannungen. Die Flitterwochen sind irgendwann einmal zu Ende, spätestens nach einigen Wochen oder Monaten. Wir alle heiraten einen fehlerhaften und selbstsüchtigen Menschen. Manche sind vielleicht weniger egoistisch als andere, aber alle haben wir dieselbe Krankheit. Irgendwann bricht sie aus, und wenn sie nicht behandelt wird, wirkt sie sich tödlich auf unsere Beziehungen aus.

Manchmal enden die Flitterwochen in einer stabilen Harmonie, die mit einer von beiden Partnern gewünschten Distanz erkauft wurde. »Du behelligst mich nicht mit diesem, und ich bringe jenes nicht zur Sprache.« Diese Art der Übereinkunft, die den Egoismus durch die emotionale Trennung nur noch fördert und Konfrontationen vermeidet, kann jahrelang aufrechterhalten werden und in die Feier der Goldenen Hochzeit münden, mit oberflächlichen Reden und einem erzwungenen Kuß.

In seltenen Fällen geschieht es, daß aus dem noch unreifen, überschwenglichen Glück der Flitterwochen eine reife Beziehung erwächst zwischen zwei Menschen, die mehr auf ihre eigenen Fehler sehen als auf die des Partners, die sich mehr Sorgen über ihren eigenen Egoismus machen als über den des anderen und die es sich als Priorität setzen, bessere Ehegefährten zu werden. Doch solche Menschen sind selten.

In den meisten Ehen sind die Fehler des Partners viel zu hervorstechend, als daß man über sie hinwegsehen könnte. Geld und Vergnügen reichen nicht aus, um die Vergehen des anderen geduldig ertragen zu können, die Untreue und Distanziertheit, die bissigen Bemerkungen, das krankhafte Mißtrauen, die Gesprächsverweigerung, die impulsive und von Rachegedanken motivierte Geldverschwendung, die sexuelle Kälte, die Unfähigkeit, Fehler zuzugeben, die steife Religiosität. Wenn einer der Partner solche Fehler nicht nur gelegentlich begeht, sondern sie Bestandteil seines Charakters sind, dann kann wohl kein Normalsterblicher sie akzeptieren, ohne sich zu beklagen. Es muß etwas unternommen werden.

Eine meiner Klientinnen, nennen wir sie Susan, beschrieb einmal die Verletzungen, den Ärger und die absolute Verzweiflung, die in solchen Situationen entstehen können:

»Ich weiß einfach nicht mehr, was ich tun soll. Ich hätte nie gedacht, daß ich so etwas einmal sagen würde, aber manchmal möchte ich ihn am liebsten verlassen; mich scheiden lassen und dann einfach davonlaufen. Es ist unmöglich, mit ihm zu leben.

Ich weiß, daß Scheidung nicht richtig ist. Und außerdem habe ich kein Geld. Ich bin also gefangen.

Jahrelang habe ich versucht, mich ihm unterzuordnen, alles zu tun, was er von mir wollte; aber alles, was dabei herauskommt, ist ein wütender Ehemann, der mir ständig meine Fehler vorhält. Ich fühle mich so elend. Ich bin verzweifelt.

Es nützt nichts, mit ihm darüber zu reden. Er hört mir nie zu, selbst wenn ich schreie. Wenn ich versuche, logisch zu argumentieren, sagt er, ich sei dumm. Wenn ich versuche, seine Gefühle zu verstehen und alles zu tun, was ihm gefällt (vor allem im Bett), dann ist er meistens zufrieden mit mir — für eine Weile. Aber sobald ich etwas falsch mache, bekomme ich wieder eins drauf.

Ich bete viel — wenn Gott nicht wäre, würde ich wahrscheinlich durchdrehen —, aber ich weiß, daß er mir keine Garantie dafür gibt, meinen Mann zu verändern, und ich weiß auch nicht, wie ich mich verändern soll. Wenn Gott will, daß ich alles tue, was meinem Mann gefällt, dann kann ich das einfach nicht. Was soll ich bloß tun?«

Wenn jemand mir so etwas erzählt, dann wünsche ich mir, ich wäre Klempner geworden. Löchrige Rohre kann man ersetzen oder reparieren. Aber was soll man mit gemeinen Ehemännern tun, die meinen, ihre Frau sei das einzige Problem? Oder mit Frauen, die es umgekehrt machen? Und wenn sie alle nicht bloß gemein und wütend sind, sondern auch noch unerträglichen Schmerz empfinden? Soll man sie ersetzen? Das mag verlockend klingen, aber bei Christen sollte eine »Reparatur« möglich sein. Was also unternimmt man?

Soll man

- versuchen, das Gespräch in der Ehe zu verbessern?
- die Partner mit ihrem unverantwortlichen Handeln konfrontieren?
- sie dazu ermutigen, sich weiterhin anzustrengen?
- einen speziellen Plan aufstellen, an den sie sich halten sollen?
- die Verletzungen, Frustrationen und Schmerzen heilen?
- gegenseitige Abhängigkeiten aufdecken und beseitigen?
- die Freiheit zur Selbstverwirklichung predigen?

Soll man solchen Menschen eine Therapie empfehlen, und wenn ja, welche? Selbstbeobachtung? Biblisch-ermahnende Seelsorge? Familientherapie? Existentielle Therapie?

Traditionalisten und Verfechter der Gleichberechtigung

Im vorangegangenen Kapitel habe ich zwei gängige Ansätze beschrieben, mit denen versucht wird, gute eheliche Beziehungen aufzubauen: Der eine betont die Selbstverwirklichung als den Weg zur Harmonie, der andere unsere Verantwortung, einem biblischen Bild von Ehe zu entsprechen.

Bei denen, die die Bibel als autoritative Grundlage anerkennen, gibt es inzwischen zwei Gruppen mit sehr unterschiedlichen Auffassungen darüber, wie eine biblische Ehe aussehen soll. Die Traditionalisten (ich benutze den Begriff ohne negative Wertung) glauben, es sei die Aufgabe des Mannes, als Haupt der Familie vorzustehen, und die Frau solle sich der Führung ihres Mannes vertrauensvoll unterordnen.

Die Verfechter der Gleichberechtigung hinterfragen die traditionelle Ansicht, daß die Führungsrolle des Mannes ihm auch eine gewisse Entscheidungsgewalt über die Frau gebe. Sie betonen die gegenseitige Unterordnung, in der jeder Partner sich dem anderen in einer gleichberechtigten Beziehung unterordnet.

Traditionalisten definieren den Verantwortungsbereich von Mann und Frau und ermutigen die Partner dann dazu, ihre jeweiligen Rollen in der Ehe zu erfüllen. Die Verfechter der Gleichberechtigung sind der Meinung, daß die Frau durch eine einseitige männliche Interpretation von Führung und Unterordnung unterdrückt wurde. Sie ermutigen Frauen dazu, sich dem Mann in einer partnerhaften Beziehung gleichzustellen, statt sich ihm in einer hierarchischen Beziehung zu unterstellen. Der erste Ansatz kann manchmal einem freudlosen Moralismus gefährlich nahekommen; der zweite kann nur allzu leicht in eine Überbetonung der Selbstverwirklichung abgleiten. Beides haben wir im letzten Kapitel besprochen.

Es soll nun weniger darum gehen, welche von den beiden

Gruppen eher die Bibel auf ihrer Seite hat. Statt dessen wollen wir uns dem Thema widmen, das die Bibel für weitaus wichtiger hält und das oft von Menschen übersehen wird, die nur in bestimmte Rollen passen oder sich von ihnen befreien wollen.

Ich bin der Auffassung, daß keine der beiden Positionen, so wie sie häufig gelehrt und von Menschen praktiziert werden, die ihre eheliche Beziehung verbessern wollen, das *wirkliche* Problem angeht, das unsere Beziehungen zerstört. Man kann als Traditionalist oder als Verfechter der Gleichberechtigung leben und trotzdem nie die eigene Selbstzentriertheit erkennen – geschweige denn an ihr zweifeln.

Traditionalisten legen zu Recht Wert auf eine biblische Unterweisung für Männer und Frauen. Die Verfechter der Gleichberechtigung wollen diese Weisungen zu Recht so verstehen, daß Frauen dadurch nicht abgewertet werden. Traditionalisten betonen, daß Gott den zwischenmenschlichen Beziehungen eine autoritative Struktur verliehen hat und es nicht richtig ist, dem Mißbrauch dadurch Einhalt zu gebieten, daß man die Autorität ganz abschafft. Die Verfechter der Gleichberechtigung sind sensibel für die Fehlentwicklungen in der Geschichte der männlichen Vorherrschaft und suchen nach Wegen, wie wir dem gerecht werden können, daß wir als Mann und Frau gleichermaßen nach Gottes Ebenbild geschaffen und von ihm erlöst sind.

Wenn wir uns aber uneingeschränkt der einen oder anderen Position anschließen, dann werden wir bei der Seelsorge an Ehepaaren das eigentliche Problem nicht treffen.

Denken wir an die unglückliche Susan, die mich um Hilfe bat. Stellen wir uns einmal vor, wir würden sie zu zwei christlichen Seelsorgern schicken, zu einem Traditionalisten und einem Verfechter der Gleichberechtigung. Was würden sie Susan antworten?

Manche Seelsorger sind der Meinung – manchmal etwas zu rigoros, wie mir scheint –, daß jedes seelsorgerliche Gespräch in eine der vier Kategorien fallen sollte, von denen Paulus an Timotheus schreibt: »Alle Schrift ... ist nütze zur *Lehre, zur Zurechtweisung, zur Besserung, zur Erziehung in der Gerechtigkeit*« (2. Timotheus 3,16, Hervorhebungen L.C.). Obwohl dieses Modell den Gebrauch der Bibel in der Seelsorge viel zu stark einschränkt, werde ich ihm hier folgen, weil sich damit so manches besser aufzeigen läßt. Seelsorger, die sich der Bibel verpflichtet wissen und sich darüber hinaus einer der beiden genannten Positionen hinsichtlich der Ehe angeschlossen haben, könnten folgendermaßen antworten. (Bei einer so kurzen Darstellung ist es unvermeidlich, daß die jeweilige Sicht vielleicht etwas überspitzt wiedergegeben wird; trotzdem denke ich, daß die Antworten einige wichtige Punkte enthalten, die für die beiden Postionen charakteristisch sind.)

Wenn Sie diese hypothetischen Antworten lesen, achten Sie bitte darauf, ob der Seelsorger sich des Problems der Selbstzentriertheit bewußt ist!

Lehre

Ein *Traditionalist*: »Bevor ich Ihnen helfen kann, lassen Sie uns zuerst Epheser 5 und 1.Petrus 3 lesen. Ich will sicher gehen, daß Sie die Weisungen, die Gott der Frau gibt, richtig verstanden haben.«

Ein Verfechter der *Gleichberechtigung*: »Gott hat Sie als einzigartige Person geschaffen und möchte, daß Sie das, was Sie sind, ausleben, und zwar zum Guten. In Christus gibt es weder Mann noch Frau, darum darf es auch keine Rollenzuteilungen mehr geben.«

Zurechtweisung

Ein *Traditionalist:* »Man kann deutlich sehen, wie zornig Sie sind. Obwohl Ihr Mann Ihnen sicherlich viel Leid zufügt, sagt die Bibel doch ganz klar, daß wir uns von aller Bitterkeit, von Wut und Zorn freimachen sollen. Nun wollen wir darüber sprechen, wie Sie das schaffen können.«

Ein Verfechter der *Gleichberechtigung*: »Ich möchte Ihnen helfen zu erkennen, wie falsch es ist, daß Sie sich von diesem Mann oder von irgendeinem anderen Menschen so demütigen lassen. Es ist einfach nicht richtig, daß Sie Ihr halbes Leben damit zubringen, ihn zu besänftigen, damit er nicht zornig auf Sie wird. Denken Sie doch an all die Dinge, die Sie nicht tun, weil er Sie einschüchtert.«

Besserung

Ein *Traditionalist*: »Wenn Sie zwischen der Haltung, alles zu tun, was er will, und einer Haltung der Rebellion hin und herschwanken, so zeigt das, daß Sie ein gespaltenes Herz haben. Vielleicht sollten Sie einmal über das nachdenken, was Sie vorhin schon angesprochen haben, nämlich, wie Gott möchte, daß Sie sich verändern.«

Ein Vertreter der *Gleichberechtigung*: »Sie haben sich selbst zum Fußabtreter gemacht, nicht wahr? Kein Wunder, daß Sie so wütend sind. Gott möchte, daß Sie so sind, wie Sie sind, und nicht wie Ihr Mann Sie haben will. Vielleicht sollten Sie einmal darüber nachdenken, welche Möglichkeiten Ihnen als Person gegeben ist. Sie sind eine wunderbare Schöpfung und Neuschöpfung Gottes und sollten jetzt Schritte unternehmen, um diese Möglichkeiten zu verwirklichen.«

Erziehung in der Gerechtigkeit

Ein *Traditionalist*: »Ich möchte, daß Sie diesen Fragebogen Ihrem Mann geben. Er soll darin Ihr Verhalten als Ehefrau in den Bereichen bewerten, die für einen Mann wichtig sind, zum Beispiel Aussehen und Kleidung, Kochen, Anteilnahme an seiner Arbeit und so weiter. Die Bereiche, in denen er Ihnen eine schlechte Note gibt, werden wir Ihnen als Hausaufgabe aufgeben. Sie sollten versuchen, sich darin zu verbessern. Ich gebe Ihnen außerdem ein paar Bibelverse mit, die Sie bitte auswendig lernen und überdenken, bis wir uns in einer Woche wieder treffen.« (Die anderen Antworten sind alle hypothetisch. Ich habe mir versucht vorzustellen, was ein Vertreter der jeweiligen Richtung wohl sagen würde. Diese Antwort hier jedoch entstammt ziemlich genau einem Handbuch zur Eheseelsorge, das aus traditionalistischer Perspektive geschrieben wurde.)

Ein Verfechter der *Gleichberechtigung*: »Die Heilige Schrift befreit Sie dazu, in Liebe die Wahrheit zu sagen und in Christus als gleichberechtigte Erbin zu wachsen, als vollwertiger Mensch und als erlöste Frau. Darum sollten Sie Ihrem Mann genau sagen, was Sie auf dem Herzen haben, und dann anfangen, das zu tun, was Sie für richtig halten, um Ihr Wachstum zu fördern, und nicht, was Ihr Mann für das Beste hält. Wer weiß? Vielleicht wird er mehr Respekt vor Ihnen bekommen, und wenn nicht, dann werden zumindest Sie größere Achtung vor sich selbst haben und eher dem Idealbild einer christlichen Frau entsprechen.«

Natürlich gibt es in beiden Lagern Menschen, die sich anders dazu äußern würden. Aber diese Antworten zeigen zumindest auf, wo jeweils der Hauptakzent liegt. Susan hat also die Wahl zwischen einer erstickenden Gesetzlichkeit (»Das sollen Sie tun, also tun Sie es«) und einer Freiheit, die die eigenen Wünsche auslebt (»Das Wichtigste ist, der Mensch zu werden, der man ist«). Doch keine dieser Antworten kann Susan das schenken, wozu unser Herr sie meiner Meinung nach befreit hat.

Wo die Schwierigkeiten liegen

Was ich sowohl bei der traditionalistischen Position als auch bei der der Vertreter der Gleichberechtig ablehne, halten viele Menschen sogar für wünschenswert: Beide Ansätze geben praktische Ratschläge. »Nehmen Sie diese Liste für Ihren Mann mit nach Hause« oder »Wenn Sie sich weiter fortbilden möchten, dann tun Sie es«. In beiden Fällen wird der ratsuchenden Frau ein spezieller Plan vorgelegt, an den sie sich halten soll.

Und genau das wünschen wir uns alle. Ob wir »Traditionalisten« oder »Verfechter der Gleichberechtigung« sind, wir alle möchten gern hören, was wir zu tun haben. Predigten sollten mit praktischen Anweisungen schließen, uns Verstehenshilfen an die Hand geben, uns die nächsten Schritte zeigen. Alle rufen nach praktischer Hilfe. Aber dieses Verlangen kann falsch sein, wenn es unsere Selbstzentriertheit nicht im Blick hat.

Natürlich ist der Wunsch nach konkreten Hilfestellungen in manchen Bereichen ganz legitim: »Wo geht es zur Bank?«, »Wie stellt man einen Haushaltsplan auf?«, »Muß ich operiert werden?« Auch der Gefängniswärter in der Apostelgeschichte tat nichts Falsches, als er Paulus um eine definitive Antwort bat auf seine Frage: »Was muß ich tun, um gerettet zu werden?« Und selbstverständlich war es ganz richtig, daß Paulus ihm die Antwort nicht schuldig blieb.

Aber nicht alle unsere Bitten um Hilfe sind aufrichtig. Manchmal verdecken sie nur unser Verlangen, eine Situation in den Griff zu bekommen, einen Wunsch, der von den Triebkräften unseres Egoismus motiviert ist. Für uns gefallene Menschen ist es ungeheuer wichtig, in Krisenzeiten auf etwas zurückgreifen zu können, was uns Hilfe verspricht: »Sag mir, was ich tun kann, um die Situation zu ändern.« Oft wünschen wir uns, besonders in einer unglücklichen Beziehung, daß der andere, der uns so viel Schmerz zufügt, sich verändert oder daß sich unsere Gefühle verändern oder beides. Kurz gefaßt: Wir wollen unser Leben und unsere Erfahrungen in den Griff bekommen, und dies ist das Wesen unseres Egoismus.

Wenn wir zusehen müssen, wie ein geliebter Mensch stirbt, so kann uns das zu der Einsicht führen, daß wir vieles, was uns sehr wichtig ist, nicht in der Hand haben. In solchen Situationen werden wir zornig, resignieren oder fügen uns in das Schicksal, aber zumindest werden wir unausweichlich mit der Tatsache konfrontiert, daß wir die Gesundheit unseres Körpers nicht selbst erhalten können. Aber was konfrontiert uns mit der Tatsache, daß wir auch absolut unfähig sind, unsere Seele gesund und lebendig zu erhalten? Meistens wiegen wir uns in der Illusion, wir könnten unser persönliches Wohlergehen selbst bestimmen. Und manche Anleitungen zum Christsein fördern in uns den Gedanken, das Leben könnte so werden, wie wir uns das vorstellen, wenn wir nur das tun, was uns gesagt wird.

Die tödliche Krankheit der Selbstzentriertheit

Das Christsein beginnt erst dann, wenn wir einsehen, daß die Krankheit der Selbstzentriertheit (und das Gefühl der Selbstgenügsamkeit, das sie vermittelt) so tödlich für unsere Seele und so weit fortgeschritten ist, daß wir sie nicht mehr selbst heilen können. Selbstzentriertheit ist für den, der nach Gottes Ebenbild geschaffen wurde, so falsch, wie Krebs im menschlichen Körper unnormal ist.

Und wir können als Christen nicht weiter kommen, wenn wir uns nicht dessen immer mehr bewußt werden, was wir bei unserer Bekehrung erkannt haben: daß die Selbstzentriertheit tief in uns verwurzelt ist, daß wir sie nicht mit schweren Anstrengungen und guten Vorsätzen überwinden können und daß sie sowohl falsch als auch tödlich ist.

Viele Versuche zur Lösung von Eheproblemen beginnen mit der Frage: »Wie soll ich mit dieser Situation umgehen?« Traditionalisten antworten: »Füg dich in deine Rolle.« Vertreter der Gleichberechtigung sagen: »Werdet echte Menschen, indem ihr einander dient.« Was diese Antworten ansprechen, ist ein wichtiges Thema, das je nach persönlicher Überzeugung durchdacht werden muß. Aber in der hitzigen Diskussion, welche Position nun die richtige ist, ist eine noch wichtigere Frage unter den Tisch gefallen.

Diese Frage, die wir uns immer wieder und immer eindringlicher stellen müssen, lautet: »Wie kann ich dem Gericht Gottes entgehen, wenn ich so egoistisch bin?«

Eine ehrliche Selbsteinschätzung in jeder Situation und in jeder Phase unseres geistlichen Wachstums kann uns bewußt machen, wie sehr wir die vergebende Gnade nötig haben. Aber denken wir einmal darüber nach, wie selten wir unsere Selbstzentriertheit bekennen und wie oft wir Gott um Hilfe, Führung oder Trost bitten. Zuspruch und Führung scheinen uns notwendiger zu sein als Vergebung. Ist unsere Selbsterkenntnis so beschränkt, daß wir die Vergebung eher für ein Fundament halten, das in der Vergangenheit benötigt wurde, als für eine Realität, die wir immer wieder brauchen?

Es ist natürlich nicht falsch, Gott um Trost und Führung zu

bitten, aber nur in der Haltung einer demütigen und fröhlichen Dankbarkeit für die Gnade, mit der er uns erlöst hat. Und diese Haltung kann nur erwachsen, wenn wir uns selbst lange und ehrlich betrachten und die Selbstzentriertheit erkennen, die sich hinter unserem Bemühen, gehorsam zu sein, und hinter unserem Wunsch, unsere Möglichkeiten voll zu verwirklichen, verbirgt.

Menschen in schwierigen Beziehungen wollen praktische Hilfen. Aber oft werden ihnen diese gegeben, ohne daß man über die Selbstzentriertheit nachdenkt, die diesen Wunsch immer wieder anstachelt.

Wenn die Selbstzentriertheit immer noch über uns herrscht, dann schafft jeder Versuch, die Beziehung zu verbessern, wieder neue Probleme. Traditionelle Ehemänner versuchen, ihre Führungsaufgabe gut zu erfüllen, beklagen sich aber, daß ihre Frauen sich ihnen weder unterordnen noch sie in ihren Bemühungen unterstützen. Traditionelle Ehefrauen tun ihr Bestes, um ihre Männer zufriedenzustellen, werden aber oft nur bitter, weil sie von ihnen so viel Gefühllosigkeit und Herablassung erdulden müssen.

Ehemänner, die die Gleichberechtigung praktizieren wollen, fördern die Entwicklung ihrer Frau, so gut sie können, wünschen sich aber insgeheim mehr Aufmerksamkeit und Unterstützung von ihr. Und Frauen, die in der Gleichberechtigung leben, wagen sich mutig in die Welt hinaus, fragen sich später aber, ob sie wirklich nur mehr Initiative brauchen, um die immer noch ungestillte innere Leere auszufüllen.

Nur wenn das zentrale Problem der Selbstzentriertheit zuallererst und direkt angegangen wird, kann der Wunsch wachsen, sich richtig zu verhalten; dann werden die Weisungen Gottes zu einer Freude und nicht zu einer Schublade, in die man gestopft wird, oder zu einer Beschneidung unserer Freiheit.

Eheleute täten gut daran, weniger darüber nachzudenken, was gute Männer und Frauen tun sollten oder ob sie ihr Mann- bzw. Frausein auch richtig ausleben. Sie sollten eher darüber nachsinnen, wie eigensüchtig viele ihrer Handlungen wirklich sind. Statt uns praktische Hilfen zur Verbesserung unserer

Ehen auszudenken, sollten wir lieber erkennen, wie sehr und wie oft wir Vergebung nötig haben.

Wir leben in einer Zeit, in der »Zwölf-Schritte-Programme« zur Lösung unserer Probleme Konjunktur haben. Jeder möchte genau wissen, was er zu tun hat. Wir wollen praktische Tips, die uns durch die Wirren unseres Lebens sicher hindurchschleusen.

Aber wir werden die positiven Schritte, die uns in eine glückliche Ehe führen sollen, nicht gehen können, wenn wir nicht zuerst Schritte unternehmen, um unsere Selbstsucht klarer zu erkennen, die wir so gerne entschuldigen.

Kapitel 3

Das eigentliche Problem

In sechs Wochen sollte ich zweiundzwanzig werden. In drei Wochen würde ich heiraten. Auf ersteres war ich vorbereitet, wegen letzterem war ich hier.

Ich saß auf einem alten, abgenutzten Samtsofa im Wohnzimmer des Pfarrers. Dicht neben mir war Rachael, meine schöne zukünftige Frau. Wir saßen so eng beieinander, daß man kein Heft mehr zwischen uns hätte schieben können.

Uns gegenüber, etwa drei Meter auseinander, saßen der Pfarrer und seine Frau, beide Ende Siebzig. Sie nickte mit ihrem grauen Haupt, lächelte, hörte zu und wiegte sich in ihrem Schaukelstuhl, während sie strickte. Er hatte sich entspannt in einem alten, gepolsterten Sessel zurückgelehnt und schrieb mit flinker Hand in ein schwarzes, abgegriffenes Notizbuch.

Als wir unseren Traugottesdienst im einzelnen besprachen, beobachtete ich das alte Paar, und zwar nicht mehr als Pfarrer und Pfarrersfrau, sondern als Eheleute. Plötzlich fiel mir etwas auf. Diese beiden, die in zwei getrennten Stühlen mehr als drei Meter auseinander saßen, schenkten sich mit einem einzigen Blick mehr Liebe als meine Verlobte und ich mit all unserem Schmusen, Grinsen und Tuscheln.

Ich weiß noch, wie es mir durch den Kopf schoß: »Wie können wir von hier dorthin gelangen, von hier, wo wir sind in unserer frischen Verliebtheit, dorthin, wo diese beiden in ihrer liebevollen Reife sind?«

Die Ehe ist eine Bühne, auf der wahre Liebe – so wie sie der Apostel Paulus als die größte Tugend beschrieben hat – für die Welt dargestellt werden kann: die Liebe, die uns fähig macht, Unrecht mit Geduld zu tragen, dem Bösen entschieden zu widerstehen, das Gute in vollen Zügen zu genießen, uns selbst in aller Demut reich zu verschenken und die Seele des anderen mit Langmut zu stärken.

Wenn diese Tugenden vorhanden sind, dann wird nicht nur unser Partner dadurch reich gesegnet. Manchmal kann auch ein junges Paar, das einen Platz auf derselben Bühne einnehmen möchte, an uns ein wenig sehen, wie eine eheliche Beziehung sein könnte, so daß sie sich nicht mit weniger zufriedengeben.

Dies zu wollen, ist eine Sache, so zu werden, ist etwas ganz anderes.

Was hindert uns?

Warum erleben so wenige diese Liebe, die jener Pfarrer und seine Frau einander aus drei Metern Entfernung geben konnten?

Wir alle möchten doch gern liebevoll und geduldig sein, aber es ist, als ob wir gegen eine Macht ankämpften, die uns in die entgegengesetzte Richtung zieht und in der Regel die Oberhand gewinnt.

Im letzten Kapitel habe ich bereits angedeutet, daß der Versuch, uns selbst zu befreien und unser Wesen ganz auszuleben, manchmal nicht zu einer vertrauensvolleren Beziehung verhilft, sondern in eine arrogante Unabhängigkeit führt. Und die Anstrengung, das Richtige zu tun, ohne zu verstehen, wie stark die Selbstsucht unsere Motive bestimmt, führt nicht zu größerer Nähe, sondern nur zu einer steifen Höflichkeit.

Keines der beiden Modelle zum biblischen Verständnis von Ehe, weder das traditionalistische noch das der Gleichberechtigung, weist deutlich genug auf das eigentlichen Problem, die Selbstzentriertheit, hin. Wenn die Verfechter der Gleichberechtigung die hierarchische Ordnung durch eine Beziehung in gegenseitiger Freiheit ersetzen, so kann das ein ungesundes Interesse daran wecken, uns selbst zu entfalten und zu befreien, und dadurch die Selbstzentriertheit nur noch verstärken. Das traditionalistische Modell dagegen mit seiner Betonung eines bestimmten Rollenverständnisses kann einen moralisch bedingten Gehorsam fördern, bei dem sich selbstsüchtige Motive hinter einem gutem Verhalten verstecken.

Wir müssen nun die Diskussion um Führung und Unterordnung bis auf weiteres zurückstellen und zuerst einmal aufzeigen, wie heimtückisch und hartnäckig unsere Selbstzentriertheit ist, mit der wir das Gebot der Liebe verletzen. Wenn wir einmal erkannt haben, daß die Selbstzentriertheit der eigentliche Schuldige und die Ausrichtung auf den anderen Menschen das höchste Ideal ist, dann können wir uns fragen, ob in einer auf den anderen ausgerichteten ehelichen Beziehung die Gleichberechtigung oder die hierarchische Ordnung das Richtige ist.

Zuerst aber soll es um das wirkliche Problem gehen: die Selbstzentriertheit. Sie tritt in keiner Situation so deutlich zutage, wie wenn wir uns ärgern.

Wut

Jeder weiß, was es heißt, sich über jemanden zu ärgern. Wenn wir wütend sind, dann liegt uns in der Regel nicht das Wohlergehen dessen am Herzen, über den wir uns ärgern. Der Zorn, zumindest unsere menschliche Art des Zornes, läßt sich mit der Liebe nicht vereinbaren.

Zwei Beobachtungen entgehen uns allerdings häufig in diesem Zusammenhang. Erstens ist es möglich, daß wir einen Zorn hegen, ohne uns dessen bewußt zu sein. Eltern sind manchmal zutiefst verbittert gegenüber ihren Kindern, aber sie verstecken ihre Gefühle hinter übertriebener Zärtlichkeit und beherrschter Sachlichkeit. Ein ungeplantes Kind zum Beispiel kann Verbitterung auslösen; dies wiederum kann zu Schuldgefühlen bei den Eltern führen, die sie nur durch Verdrängung bewältigen können. Auch geplante und erwünschte Kinder können, wenn sie die an sie gestellten Erwartungen nicht erfüllen, Enttäuschung und Ärger hervorrufen, die von den Eltern oft durch starke, aber unaufrichtige, Liebeserklärungen übertüncht werden: »Wir lieben dich so, wie du bist.« Zweitens übersehen wir oft, daß wir unseren Ärger mit erschreckender

Selbstverständlichkeit stets für gerechtfertigt halten. Ohne darüber nachzudenken, meinen wir, unser Zorn sei verständlich, natürlich, durch die Umstände hervorgerufen und darum ganz akzeptabel. Sogar der Zorn, bei dem wir dem anderen Unglück wünschen, was gute Christen selten zugeben, scheint uns angemessen zu sein.

Ein Beispiel: Dennis, ein Topmanager, der in der Unternehmensberatung tätig war, kam zu mir in die Beratung. Er erzählte, wie sehr ihn Probleme in seiner Ehe belasteten. Er und seine Frau Marcia zeigten einander fast keine Gefühle mehr. Marcia war die meiste Zeit über launisch und bedrückt. Dennis tat alles, was er konnte, um die Spannungen zu lindern.

In einem unserer ersten Gespräche erwähnte Dennis beiläufig einen Traum, den er immer wieder hatte und der ihn sehr verwirrte. In dem Traum hatte Marcia, die in Wirklichkeit ganz gesund ist, Krebs und lag im Sterben. Er kniete an ihrem Bett und tat alles, was in seiner Macht stand, um sie zu trösten. Aber sie wollte ihn nicht einmal ansehen. Sie starrte nur an die Decke und reagierte nicht auf sein Weinen und seine Liebeserklärungen. Dennis hatte diesen Traum in den vergangenen Jahren sicherlich ein Dutzend Mal gehabt.

Später erzählte Dennis mir, wie Marcia sich sowohl äußerlich als auch innerlich gehen ließ. Seit ihrer Hochzeit hatte sie fünfzehn Kilo zugenommen, sie rauchte und telefonierte fast den ganzen Tag. Allmählich wurde deutlich, daß er, ein von Berufs wegen moderner, sportlicher Mann, in Marcia eine dicke, langweilige, undisziplinierte Partnerin sah, an die er für den Rest seines Lebens gebunden war. Scheidung kam für ihn nicht in Frage, weil er Christ war, so konnte nur ihr Tod ihn aus seinem Gefängnis erlösen.

Aber statt seinen Zorn über sie und seine selbstsüchtige Haltung, die diesen Zorn nährte, zuzugeben, glaubte Dennis ständig, er sei ein geduldiger Mann, der das Beste tat, was unter diesen Umständen möglich war. Weil er den Geduldigen spielte, anstatt sich seinen Zorn einzugestehen, konnte er das positive Bild, das er von sich selbst hatte, aufrechterhalten. Sein Traum jedoch hatte ihn verraten.

Nachdem er über diesen nachgedacht und ein ehrlicheres Bild von sich selbst gewonnen hatte, sah er mich eines Tages an und sagte plötzlich: »Ich hasse sie wirklich.« Nun war er nicht nur wütend, sondern er wußte es auch.

Aber sein nächster Satz war nicht: »Was bin ich nur für ein schrecklicher Mensch! Wie kann ich dem Gericht Gottes entfliehen, wenn ich meine Frau hasse, die einzige Frau, der ich versprochen habe, sie zu lieben?« Er sagte: »Als ich sie kennenlernte, war sie nicht so nachlässig. Sie achtete auf ihr Äußeres, hatte eine gute Figur, las gerne Bücher und führte interessante Gespräche. Ich kann einfach nicht begreifen, was mit ihr geschehen ist.«

Sein Haß auf seine Frau schien ihn nicht weiter zu berühren, so wie einer meiner Freund es für ganz natürlich hielt, sich über einen Mechaniker aufzuregen, weil sein Auto nicht ansprang. Für beide Männer schien es ganz selbstverständlich, die Schuld bei anderen zu suchen statt bei sich selbst.

»Du machst mich wütend!«

Wenn wir zugeben, daß wir uns ärgern, dann finden wir so wie Dennis immer eine Entschuldigung dafür, indem wir die Ursachen bei anderen Menschen suchen. Dennis meinte, er sei zu Recht wütend, weil Marcia zugenommen hatte und sich nicht mehr für ihre Bücher interessierte. Unsere Wut zu erklären, indem wir ihre Wurzel außerhalb von uns selbst suchen, geschieht bei uns so instinktiv, wie wenn wir nach Luft schnappen, weil der Sauerstoff knapp wird. Schuld zuzugeben erstickt uns; die Schuld auf andere zu schieben läßt uns freier atmen. Darum lasten wir die Schuld ganz natürlich anderen an, ohne uns dabei anstrengen oder nachdenken zu müssen.

Zorn ist ein sehr aufschlußreiches Gefühl. Denn entweder leugnen wir seine Existenz, oder wir suchen die Ursachen bei anderen. Zorn lehrt uns etwas über uns selbst, auf das wir gut achten sollten, etwas, das wir erst erkennen und beseitigen müssen, bevor wir den Pfad zur reifen Liebe beschreiten können. Um zu verstehen, was uns daran hindert, mit anderen auszukommen, müssen wir uns genauer ansehen, was in uns vorgeht, wenn wir uns ärgern.

Ein Blick hinter die Kulissen des Zornes

Ein kurzer Blick unter die Oberfläche des Zornes genügt, um zu sehen, daß die Wut, die wir empfinden, wenn uns etwas Schlechtes zustößt, unserer Selbstzentriertheit entspringt. Wie wir weiter oben schon festgestellt haben, sind wir in unserem Zorn weniger um das Wohlergehen anderer bemüht als um unser eigenes.

Wenn wir diesem Bestreben weiter nachgeben, können wir sogar an den Punkt gelangen, wo wir uns wünschen, daß der andere verletzt wird.

Vielleicht wollen wir nicht gerade, daß der andere überfahren wird oder seine Stelle verliert — obgleich uns solche Gedanken auch kommen können —, aber wir sind merkwürdigerweise ganz zufrieden, wenn der andere leidet, weil wir ihn so egoistisch behandeln. Schließlich hat er ja seine Strafe verdient für das, was er uns angetan hat.

Alex und Jane kamen zu mir in die Beratung. Vier Jahre vorher hatte Jane ein Verhältnis mit einem anderen Mann gehabt. Sie bereute es, bat Alex, zu ihm zurückkehren zu dürfen, und strengte sich sehr an, eine liebevolle, aufmerksame Ehefrau zu werden.

Bei unserem ersten Gespräch sagte Jane: »Je mehr ich versuche, ihn zufriedenzustellen, desto gemeiner wird er. Ich kann das nur eine Zeitlang ertragen. Wenn ich zusammenbreche, dann ist er eine Weile zufrieden und läßt mich in Ruhe. Aber wenn es mir wieder so richtig gut geht, fängt er wieder an, mich zu beschimpfen, bis ich in Tränen ausbreche. Ich habe diesen Teufelskreis satt.«

Alex saß daneben und war von Janes Leid völlig unberührt. Als ich ihn fragte, wie er darüber denke, antwortete er: »Warum sollte sie gut behandelt werden nach all dem, was sie getan hat.«

Wenn wir so wütend sind wie Alex, dann meinen wir, Gott

sei auf unserer Seite. Wir helfen Gott, ja, wir ersetzen ihn sogar dabei, uns zu rächen. Aber was noch schlimmer ist, unsere Empörung über die Sünden der anderen macht uns blind für unsere eigenen Fehler. Alex sah nicht, wie seine Selbstzentriertheit zu den Problemen in der Ehe beitrug. In solchen Situationen verweigern wir einander die Gnade und leben wie der natürliche Mensch, unfähig zu echter Liebe.

Die meisten Menschen lassen es jedoch nicht so weit kommen. Sie werden mit ihrem Ärger schneller und unmittelbarer fertig. Sie beherrschen sich, vergeben dem anderen, benehmen sich zivilisiert, ja manchmal sogar richtig nett und gratulieren sich selbst zu ihrem »guten Benehmen«.

Moralische Klimmzüge wie diese verringern die Wut jedoch nicht unbedingt; sie verdecken sie eher durch Höflichkeit, so daß der Zorn nur hin und wieder in kleinen Dosen hervorbricht, die unsere Energie von anderen weg auf uns selbst lenken.

Dies geschieht auch immer wieder bei sogenannten »guten Menschen«. Denken Sie doch einmal über die letzten Wochen nach. Erinnern Sie sich daran, wann Sie das letzte Mal auf Ihren Ehepartner zornig waren, vielleicht nur ein bißchen oder nur ganz kurz. Überlegen Sie, was Sie taten oder sagten, um den anderen zu verletzen, sich zu rächen oder ihn unter Kontrolle zu halten.

Zum Beispiel

- als Sie Ihren Mann während des Abendessens bei Freunden daran erinnerten, daß der gute Braten nicht in seine Cholesterindiät passe.
- als Sie Ihrer Frau einen vernichtenden Blick zuwarfen, weil sie in der Bibelstunde etwas Dummes sagte.
- als Sie in leicht überheblichem Tonfall Ihren Mann korrigierten, weil er sich bei Freunden über das Datum Ihres letzten Urlaubs irrte.
- als Sie hörten, wie Ihre Frau gerade einen Satz anfing, während Sie Ihre Lieblingsrubrik in der Zeitung lesen wollten,

wie Sie Ihr absichtlich nicht zuhörten und ein paar Minuten später gereizt fragten: »Was hast du gesagt?«

- als Sie ruhig sitzen blieben, obwohl Sie hörten, wie Ihre Frau die Garagentür schloß, und wußten, daß sie viel eingekauft hatte, wie Sie erst aufstanden, als sie mit vollen Tüten zur Tür hereinstolperte und wütend rief: »Was sitzt du hier herum? Ich habe noch sechs Tüten im Kofferraum.«

Bei all diesen Beispielen wurde das Glück des Partners zugunsten des eigenen Wohlergehens ausgeblendet. Der Ärger, den die Beteiligten empfanden, entsprang ihrer Selbstzentriertheit.

Wut ist, wie wir gesehen haben, schwer zuzugeben, aber leicht zu entschuldigen. Warum erkennen wir nicht, was sich der Liebe zu unserem Partner in den Weg stellt? Und, was noch wichtiger ist, warum erscheint uns unser Zorn und unser egoistisches, verletzendes Verhalten so oft als vernünftig und führt zu keinen echten Schuldgefühlen in uns?

Bittere Gedanken sollten Reue in uns hervorrufen, aber meistens sehen wir in unserer Bitterkeit nicht einen Fehler von uns, sondern das Zusammenwirken unserer zarten Empfindsamkeit mit dem Versagen anderer Menschen. Wir meinen, andere sollten zurechtgewiesen werden, während wir selbst Trost nötig haben. Warum ist es so schwer einzusehen, daß Selbstzentriertheit, selbst wenn sie auf eine Verletzung zurückzuführen ist, falsch ist, und zwar so falsch, daß wir keine freundliche Behandlung verdienen, sondern das härteste Gericht?

Manche würden antworten, es gebe keinen Grund, sich schuldig zu fühlen, zumindest nicht, wenn wir wütend werden und uns selbst verteidigen. Wenn eine Frau zugibt, ein Verhältnis gehabt zu haben, so wie Jane, dann fühlt sich ihr Mann verständlicherweise verletzt und ist zornig. In den meisten Fällen muß er während der Zeit der Aussöhnung mit ihr offen über seine Gefühle sprechen. Und es ist ganz normal, daß er darum bemüht ist, weitere Verletzungen zu vermeiden. Aber wenn in Alex' Haltung keine höhere Priorität zum Ausdruck kommt, als seine Gefühle auszuleben und sich von dem Schlag zu erholen, dann ist er selbstzentriert.

Andere wiederum sagen, unsere Wut sei in Wirklichkeit ein

heiliger Zorn, der sich gegen die Sünde richtet, so wie der Zorn Gottes. Vielleicht ist es ja berechtigt, daß wir uns über unseren Partner ärgern: »Sie unterstützt mich nie, wenn ich die Kinder zurechtweisen muß.« »Ich gehe nicht gern mit ihm einkaufen, weil er sich immer nach anderen Frauen umdreht.« Vielleicht sind wir aus gutem Grund wütend, weil unser Partner ganz eindeutig im Unrecht ist. Aber diese Antwort bringt uns nicht weiter. Unseren Zorn heilig zu nennen, ist ein hoher Anspruch. Gott verstößt in seinem Zorn nie gegen seinen heiligen und liebevollen Charakter. Er pervertiert nie die Gerechtigkeit, er hat kein sadistisches Vergnügen daran, daß jemand leidet, selbst wenn derjenige es verdient hat; und er schränkt nie sein Bemühen um das Wohlergehen der Menschen in irgendeiner Weise ein.

Unser Zorn jedoch, der natürliche und schlechte Zorn, zeigt uns einen Fehler in unserem Charakter, den es bei Gott schlichtweg nicht gibt. Dieser Fehler wirkt sich auf unseren Umgang mit anderen Menschen aus.

Die Wurzel allen Übels

Der Zorn ist nicht das eigentliche Problem, auch nicht die Leugnung seiner Existenz. Das verminderte Bemühen um das Wohl anderer, das immer mit dem Zorn einhergeht, bringt uns näher an den Ursprung des Problems. Aber auch die Selbstzentriertheit an sich ist nicht die Wurzel allen Übels.

Wenn wir unser Verhalten einmal genau unter die Lupe nehmen, vor allem, wenn wir zornig sind, dann wird uns klar, daß unser Fehler tiefer liegt als die Selbstzentriertheit. Das größte Hindernis für eine gute Beziehung zu unserem Partner ist die *gerechtfertigte* Selbstzentriertheit, der Egoismus, der tief in unserem Inneren steckt, und den wir für vollkommen richtig und akzeptabel halten, weil wir doch so schlecht behandelt wurden.

Der Apostel Paulus, meine ich, hatte etwas ganz Ähnliches erkannt. Bevor er in seinem Brief an die Römer das Evangelium von Jesus Christus darlegt, will er mit den ersten drei

Kapiteln erst einmal alle Entschuldigungen für die Sünde vom Tisch wischen. Erst wenn uns Menschen der Mund gestopft ist, wenn wir nicht mehr in der Lage sind, unsere sündigen, eigensüchtigen Wege vor Gott zu rechtfertigen, erst dann beginnt Paulus, vom Wunder der Gnade Gottes zu sprechen. Das Evangelium wird uns erst dann lieb und teuer, wenn all unsere Entschuldigungen für die Sünde nichtig sind. Und die Frucht des Evangeliums – mit Gott und mit anderen zurechtzukommen – wächst, je mehr wir erkennen, daß unsere Selbstzentriertheit falsch und unentschuldbar ist, und wir sie bereuen.

Uns aber fällt es überaus schwer zuzugeben, daß wir so schuldig sein sollen. Wenn wir Gott oder anderen Menschen unsere Fehler bekennen, finden wir immer eine Erklärung für unsere Sünde. »Du hast Recht, ich hätte das nicht tun sollen. Es war falsch. Ich werde mein Bestes tun, damit das nicht wieder vorkommt. Wenn nur meine Frau verständnisvoller wäre, dann könnte ich es vielleicht schaffen.«

Erklärungen sind keine Bitten um *Vergebung*, sondern um *Verständnis*. Wenn wir versuchen für unsere Vergehen Verständnis zu erhalten, fühlen wir uns weniger schuldig. Aber echte Reue und eine bleibende Veränderung erfordern mehr als nur ein beiläufiges Schuldbekenntnis. Dazu ist mehr nötig, als die Verdammung unserer Selbstzentriertheit und die strenge Ermahnung zur Selbstlosigkeit. Wollen wir uns weniger auf uns selbst und mehr auf andere ausrichten, dann müssen wir alle Entschuldigungen für unseren Egoismus bekennen und sie als völlig gegen Gottes Gebot gerichtet betrachten.

Aber so leicht ist das nicht. Egal wie schlimm unsere Sünden sind – ob wir Ehebruch begangen haben, dem Alkohol verfallen oder einfach nur ungeduldig und geschwätzig sind –, wir neigen immer dazu, uns zu entschuldigen und zu meinen, wir seien im Recht.

Ein Freund bekannte mir einmal, er habe Ehebruch begangen. Später erzählte er mir, seine Frau habe so wenig Verständnis für die Spannungen, in denen er Tag für Tag stehe, daß sein Wunsch, von einer Frau geachtet zu werden, einfach übermächtig wurde. »Und wenn ich das meiner Frau erkläre«, fügte er hinzu, »dann versteht sie es einfach nicht. Ich habe beschlossen, das Rechte zu tun und bei meiner Frau zu bleiben, aber ich kann dir sagen, es ist sehr schwer. Es würde mir so helfen, wenn sie mich besser verstehen würde.«

Wer Ehebruch begeht, hat oft ein verzerrtes Bild vom Leben. Er hält seine Sünde notwendig für sein seelisches Wohlergehen. Sie ist daher eher verständlich und nicht falsch für ihn. Viel mehr noch als sexuelles Verlangen treibt ihn der Wunsch, von einer Person des anderen Geschlechts verstanden und geachtet zu werden, und führt ihn auf einen Weg, der unvermeidlich zu sein scheint. Die Gewissensbisse, die er anfänglich noch hat, werden wie in einem Strom unaufhaltsam mit fortgerissen.

Und wir, die wir uns solche »schweren Sünden« nicht zuschulden kommen ließen, schütteln ungläubig den Kopf darüber, daß jemand ein so offensichtliches Vergehen wegerklären kann. Wir sind uns in unserem Hochmut nicht bewußt, daß derselbe Mechanismus, Sünden zu rechtfertigen, auch in uns allen ständig wirksam ist und uns für die schlimmsten Vergehen anfällig macht.

Ein einfaches Beispiel soll dies verdeutlichen. Ein Mann kommt eine Stunde zu spät nach Hause, weil ihn dringende Geschäfte im Büro aufgehalten haben. Als er zur Tür hereinkommt, steht seine Frau nicht vom Sofa auf, sondern begrüßt ihn nur kühl mit den Worten: »Dein Essen steht in der Mikrowelle. Du kannst es dir aufwärmen, wenn du willst.«

Sofort meint er, sich verteidigen zu müssen, und will sein spätes Kommen erklären, dann aber besinnt er sich eines Besseren (»Was soll's, sie ist sowieso zu wütend, um mich anzuhören«). Ohne ein Wort zu sagen, geht er an ihr vorbei ins Schlafzimmer. Als er seine Krawatte abnimmt und sich kurz das Gesicht wäscht, überlegt er, wie er sie für ihre verständnislose Haltung zurechtweisen könnte, beschließt dann aber, es sein zu lassen, weil es doch nur noch mehr Unfrieden stiften würde, und einfach etwas zu essen. Es kommt ihm nicht in den Sinn, daß seine Frau sich vernachlässigt und gedankenlos behandelt fühlen könnte. Und selbst wenn, wäre es ihm zu riskant und zu schwach vorgekommen, liebevoll auf sie zuzugehen; wahrscheinlich hätte sie das auch gar nicht gewollt.

Darum geht er in die Küche zurück, drückt auf die Knöpfe des Mikrowellenherdes und starrt durch die Glastür auf sein Essen, bis die Uhr klingelt. Während er seinen Teller zum verlassenen Eßtisch trägt, empfindet er eine zornige Genugtuung bei dem Gedanken, ihrer Gereiztheit mit Schmollen zu begegnen. »Meint sie, es macht mir Spaß, so lange zu arbeiten?« brummt er vor sich hin. Er sticht mit der Gabel in das lauwarme Essen, und seine Gedanken wandern zurück zum Einkaufsbummel am letzten Wochenende, als sie ein Kleid kaufte und er auf die sportliche Jacke verzichtete, die er sich schon seit Monaten wünschte.

Während er weiterißt, läßt die Genugtuung, die er bei seinen zornigen Gedanken empfindet, nach; er fühlt sich einsam. Er sieht ein, daß er ja hätte anrufen können, um zu sagen, daß es später werden würde. Er beschließt, sich wieder mit seiner Frau zu versöhnen.

Er geht ins Wohnzimmer, setzt sich neben sie und entschuldigt sich bei ihr mit lauter Stimme, um den Fernseher zu übertönen. Sanft erklärt er ihr, warum er so spät kam, und zeigt Verständnis für ihre Reaktion.

Ihr Zorn legt sich, und mit dem Versprechen, mehr Rücksicht aufeinander zu nehmen, schließen sie sich in die Arme und verbringen einen schönen Abend.

Die so entstandene Harmonie ist nicht von Dauer. Das Versprechen wird nicht halten. Aus meiner Beschreibung des Ablaufes wird deutlich, daß der Mann sich entschuldigte, weil er die Einsamkeit nicht mehr ertrug, und nicht, weil er die Verletzung, die er seiner Frau zugefügt hatte, wiedergutmachen wollte. Wie die meisten Bitten um Entschuldigung enthielt auch seine eine Erklärung für seinen Fehler und war deshalb eher eine Bitte um Verständnis. Es war keine echte Entschuldigung.

Echte Entschuldigungen erklären nicht, sie geben nur zu; sie gestehen, daß der begangene Fehler nicht zu rechtfertigen ist. Menschen, die wirklich bereuen, haben erkannt, daß ihr Verhalten unentschuldbar ist, daß es nicht verstanden oder übersehen werden kann und ihnen nur entweder das Gericht oder die Vergebung bleibt. Darum bitten sie um Gnade, in dem Wissen, sie nicht verdient zu haben. Menschen, die wirklich bereuen, beginnen Gottes wunderbare Gnade zu begreifen, und sie wissen, daß sie nur ihre Schuld bekennen müssen, um die Vergebung zu erlangen, die immer in unerschöpflichem Maße zur Verfügung steht.

Egal ob wir Ehebrecher oder gedankenlose Ehepartner sind, wir haben alle das gleiche Problem: Wir betrachten unsere Vergehen anderen gegenüber nicht als unentschuldbares, eigensüchtiges Verhalten, sondern als verstehbare Fehler. Was unser Partner uns antut, scheint mehr in die erste Kategorie zu gehören, und was wir tun, eher in die zweite.

Sich herausreden zu wollen ist ein ganz natürlicher Hang bei uns Menschen, seit Adam die Schuld auf Eva schob und Eva auf die Schlange. Wenn wir uns nicht in gewissem Maße rechtfertigen könnten, müßten wir uns so sehen, wie wir wirklich sind: nach Gottes Maßstäben verdorben und dem Gericht verfallen.

Und uns so zu sehen, wie wir sind, würde bedeuten, uns als Sünder zu sehen, die verdammt sind, das Gericht verdient haben, sich nicht selbst bessern können, eingestehen müssen, daß auch ihre besten Taten ihnen nichts nützen, und ganz und gar einem Richter ausgeliefert sind, der ihnen zu Recht zürnt. Das ist hart. Unbegreiflich, daß der Weg zum Gipfel mit einem so steilen Abstieg beginnen soll! Wie kann aus einer so ausweglosen Situation die Freude erwachsen?

Am schwersten zu begreifen ist für uns »hirngeschädigte« Menschen (als Adam »fiel«, muß er wohl auf den Kopf gefallen sein), daß an diesem schmerzlichen Punkt der Blöße und der Demut das Leben erst beginnt und ein von Freude erfülltes Wachstum weitergeht.

Die Selbstzentriertheit, die wir für so gerechtfertigt halten, steht bei unseren Beziehungen im Weg. Gott kann am tiefsten in uns wirken und uns zu wirklich liebevollen Menschen machen, wenn wir erkennen, wie abscheulich unser Egoismus ist.

Wollen wir mit anderen zurechtkommen, müssen wir aufhören, Entschuldigungen für unser selbstsüchtiges Verhalten zu suchen. Vielleicht können wir dann leichter unseren Zorn erkennen, ihn als falsches Verhalten zugeben und die wunderbare Vergebung Christi und die Reinigung von aller Sünde erfahren. Wir werden nicht verdammt, sondern bekommen die Kraft zu lieben.

Unserem Hang zur Selbstrechtfertigung entgegenzuwirken ist harte Arbeit. Nur ganz wenige nehmen sie in Angriff. Warum berührt uns unsere eigene Sünde bloß so wenig? Warum weinen wir nicht vor Ergriffenheit beim Abendmahl? Wie gelingt es uns immer wieder, das bei uns zu entschuldigen, was Gott verdammt, was er aber vergeben will? Wenn wir diese letzte Frage beantworten, wird uns vielleicht klar, wieviel Mühe es bedeutet, zu Menschen werden zu wollen, die andere an die erste Stelle setzen.

Kapitel 4

So schlecht bin ich doch gar nicht!

Worin auch immer der Unterschied zwischen Mann und Frau bestehen mag, in einem sind sie grundsätzlich gleich: Beide sind von Gott getrennt, sie haben eine angeborene Neigung, gegen Gott zu rebellieren und ihren eigenen Weg zu gehen. Ihre höchste Priorität ist das eigene Wohl; sie sind selbstzentriert.

Wenn wir besser miteinander zurechtkommen wollen, müssen wir unser Augenmerk zunächst auf die gemeinsame *moralische* Identität von Mann und Frau richten, bevor wir über die unterschiedliche *geschlechtliche* Identität nachdenken. Wir haben gesehen, wie unsere Selbstzentriertheit uns daran hindert, eine gute Beziehung aufzubauen. Wir müssen uns nun überlegen, wie wir zu Menschen werden können, die andere an die erste Stelle setzen. Dann erst können wir uns die wichtige Frage stellen, ob das Ausgerichtetsein auf den anderen Menschen beim Mann anders aussieht als bei der Frau. Doch darauf kommen wir später zu sprechen.

Warum entschuldigen wir unseren größten Fehler?

Selbst wenn wir unsere Selbstzentriertheit sehen, ist sie für uns meist kein ernsthaftes Problem.

Viele Christen allerdings erkennen ihre Selbstzentriertheit nicht einmal, vor allem wenn sie den »nach innen gerichteten Blick« auf persönliche Motive als Zugeständnis an die falsche Weisheit der Psychologie betrachten. Sie können nicht verstehen, wie subtil die Selbstzentriertheit in ihnen wirkt. Folglich sind sie sich nicht darüber im klaren, von welch lieblosen Motiven ihr nach außen hin biblisch fundiertes Verhalten getragen ist. Der Eifer, mit dem sie das Wort Gottes verteidigen und ein rechtschaffenes Leben führen wollen, kann mehr vom Streben nach Macht bestimmt sein als vom Streben nach Gott.

Warum sorgen wir uns nach dem Erkennen unserer Selbstzentriertheit mehr um unsere seelischen Verwundungen und Schmerzen, statt diese schwerwiegendste aller Sünden ernsthaft nicht mehr tun zu wollen? Wir finden eine Entschuldigung für unseren größten Fehler und kommen folglich nie recht voran, wenn wir ihn beseitigen wollen.

Vor einiger Zeit vertraute ich einem Freund ein Problem an, über das ich mich sehr schämte. Ich bekannte ihm, daß ich manchmal von einer irrationalen Eifersucht gepackte wurde, wenn ein Freund ein Lob bekam, das sonst mir zufällt.

Ich hatte lange gebraucht, um den Mut für dieses Geständnis aufzubringen, und ich erwartete von meinem Freund, daß er sich verständnisvoll und mitfühlend meiner Probleme annehmen würde. Statt dessen runzelte er besorgt die Stirn und antwortete: »Larry, Eifersucht ist etwas ganz Schlimmes. Ich habe schon erlebt, wie Menschen aus Eifersucht schreckliche Dinge angerichtet haben.« Das war alles. Keine Frage, kein Nachhaken. Er wechselte das Thema. Diese Äußerung kam für mich völlig unerwartet. Es war überhaupt nicht das, was ich mir erhofft hatte. Ich fühlte mich unfair behandelt, allein gelassen, und ich war sehr wütend. Ein besserer Seelsorger, so dachte ich, hätte mir geholfen, meine Eifersucht zu verstehen, so daß ich besser damit umgehen konnte, und hätte mich nicht so schnell verurteilt.

Inzwischen glaube ich, daß diese schlichte Antwort, die sämtliche Regeln der Seelsorge durchbrach, mehr Veränderung in mir bewirkte als eine stundenlange Beratung, die sich jeglichen Urteils enthielt. Andererseits hätte es aber auch keine dauerhafte Veränderung bewirkt, wenn ich seine Bemerkung nur als Zurechtweisung verstanden, meine Eifersucht als Sünde bekannt und versucht hätte, mich so zu verhalten, daß keine neidische Gesinnung dadurch zum Ausdruck kam. Weder Verständnis noch Zurechtweisung alleine werden je Menschen aus uns machen, die von sich weg sehen und andere an die erste Stelle setzen.

Zwei Arten, mit Sünde umzugehen

Wenn wir erkennen, daß wir etwas falsch gemacht haben, dann entschuldigen wir uns entweder oder wir fragen uns, warum wir das getan haben. Die erste Reaktion sieht zunächst ganz biblisch aus, ist aber oft nicht mehr als ein Lippenbekenntnis, das keine dauerhafte Veränderung nach sich zieht. Die zweite Reaktion trägt dazu bei, daß Seelsorger und Therapeuten nicht arbeitslos werden, aber auch sie macht aus uns keine Menschen, die Freude daran haben, anderen zu dienen.

Ich hätte der Versuchung erliegen können, alles möglichst schnell zu lösen, und hätte als Reaktion auf die Antwort meines Freundes die erste Methode wählen können: »Herr, ich gebe zu, daß ich eifersüchtig bin. Ich weiß auch, daß es nicht richtig ist. Bitte, vergib mir.«

Nachdem ich meine Sünde bekannt habe, müßte ich dieser ersten Methode zufolge dazu ermutigt werden, die Vergebung nach 1.Johannes 1,9 in Anspruch zu nehmen und mich dementsprechend zu verhalten. Aber schnelle Entschuldigungen sind oft keine Sündenbekenntnisse; hinter ihnen kann der hartnäkkige Entschluß stehen, nicht einsehen zu wollen, wie tief wir wirklich in der Sünde stecken. Die Folge ist ein unterschwelliges Gefühl von Schuld, Angst und Bitterkeit: »Irgend etwas stimmt immer noch nicht. Was passiert, wenn ich mich dem stelle, wie ich wirklich bin? Warum macht Gott es mir so schwer, ihm zu gefallen?«

Aufrichtige Christen sind verwirrt, wenn ihre Form des Schuldbekenntnisses bei ihnen nicht zur Freude der Vergebung führt und nicht zu dem erleichterten Gefühl, von aller Sünde frei zu sein. Aber anstatt sich vom Geist Gottes zeigen zu lassen, wie bitter nötig sie die Gnade haben, meinen sie, daß ein besseres Verständnis ihres Problems der Schlüssel zum Sieg sei.

Und dies ist die zweite Art, wie man mit der Sünde umgehen kann. Moderne Psychologen machen uns Mut, die seelischen Verwundungen unserer Identität als ein Problem zu betrachten, das schwerer wiegt als unsere Selbstzentriertheit. Wenn aber das Verständnis der Ursachen unserer Sünde das Bekennen der Sünde ersetzt, dann verändert sich auch unser Denken: Wir meinen, unsere seelische Verwundung sei für Probleme wie zum Beispiel die Eifersucht verantwortlich; unser Schmerz ist uns wichtiger als unsere Sünde.

Denken wir doch daran, mit welcher Selbstverständlichkeit wir *unsere* Ungeduld mit den Kindern als Folge eines frustrierenden Arbeitstages erklären und wie schnell wir in *ihrer* Ungeduld den Ausdruck einer egoistischen Haltung sehen, die es zu korrigieren gilt. Was für eine Doppelmoral!

Bei dieser zweiten Art des Umgangs mit der Sünde geht es hauptsächlich darum, unsere psychischen Schäden zu heilen. Die Eifersucht ist nicht mehr das Hauptproblem, sie ist nur das Symptom einer verletzten, Schmerzen leidenden Seele, und das Heilmittel dafür ist eine Therapie, die auf Verständnis und Mitgefühl aufbaut. Die Vergebung, die in der Gnade wurzelt, mag dabei immer noch als notwendig für die Heilung des Symptoms angesehen werden, aber die Therapie, die auf Verständnis aufbaut, ist unabdingbar, um das noch schwerwiegendere Problem der seelischen Verwundung zu bewältigen. Wir bezeichnen unser Problem nicht mehr als Sünde, die Vergebung braucht, sondern als Verletzung unseres Gefühls, die geheilt werden muß.

Zwei Wege, die sich kaum unterscheiden

Ist diese zweite Art, mit der Sünde umzugehen, wirklich so ganz anders als die der Moralisten? Wir bekennen unsere Sünden und folgen dabei vielleicht mehr dem Buchstaben als dem Geist von 1.Johannes 1,9; wir suchen Vergebung und erhoffen uns die Reinigung von unserer Schuld; aber die Sündhaftigkeit unserer Eifersucht macht uns dabei oft weniger zu schaffen als die mit ihr einhergehenden unangenehmen und peinlichen Gefühle.

Auch wenn wir keinen Therapeuten aufsuchen, sondern einen »geistlicheren« Weg gehen wollen, lassen wir in unser Sündenbekenntnis ein Erklärung einfließen. Und meinen wir nicht alle, wir wären z.B. nicht so neidisch, wenn unsere Gefühle nicht verletzt worden wären und der andere uns gegenüber nicht so unsensibel wäre – der andere, in dem wir lieber den Sünder als den seelisch verletzten Menschen sehen?

Ein moralistischer Weg, der Sünde nur als falsches Verhalten definiert, dringt genausowenig bis zur Wurzel der von uns gerechtfertigten Selbstzentriertheit vor wie der psychologische Weg, der die Verletzung stärker betont als die Sünde. Wer voller Stolz zugibt, sein Problem sei eine Sünde, hat keine Ahnung, worüber er gerade redet. Und wenn er sich das Sündenbekenntnis leicht macht und ganz zuversichtlich ist, daß er die »Früchte der Buße« bringen wird, so kann man denselben Schluß daraus ziehen. Solange christliche Leiter nicht an ihren Sünden zerbrochen sind, werden sie auch anderen die Gnade Gottes nicht vermitteln können. Ihr Bibelstudium führt sie eher dazu, andere hart zu verurteilen, das Einhalten bestimmter Vorschriften zu erzwingen und sich zu freuen, wenn sie andere zurechtweisen können. Eine solche Lehre wird aber den christlichen Glauben nicht gerade attraktiver machen.

Es gibt kein »leichtes« Bekenntnis. Ein wahres Sündenbekenntnis ist immer ein schwerer Kampf. An seiner eigenen Sünde zu zerbrechen ist ein notwendiger Kampf, wenn man lernen will, barmherzig zu lieben. Sündenbekentnis aus Routine, das schnell über die Lippen kommt, wird unseren Fehlern nicht gerecht. Weder ein oberflächlicher Blick auf die Sünde noch ein tiefer Blick auf unsere Verletzungen kann uns von unserer Selbstzentriertheit befreien.

Ein dritter Weg

Wie aber können wir von der Selbstzentriertheit frei werden? Wenn mein Freund behauptet, meine Eifersucht sei etwas ganz Ernstes, dann sollte ich zunächst prüfen, ob ich seiner Einschätzung zustimme. Wenn ja, dann muß ich mich fragen, ob ich von meiner Sünde wirklich zutiefst betroffen bin. Bleibt mir nichts anderes mehr übrig, als um Gnade zu flehen und dann diese so reich vorhandene Gnade in Anspruch zu nehmen?

Wenn sie ehrlich sind, würden die meisten von uns diese

Frage verneinen. Wir fühlen uns selten wegen unserer Sünde zutiefst betroffen. Wir sehen uns selbst gern als faszinierende, komplexe und tiefsinnige Wesen und unsere Sünde als unglückliches Nebenprodukt unserer komplizierten seelischen Beschaffenheit.

Aber wenn die Antwort meines Freundes weise war – und davon bin ich überzeugt –, dann muß ich mich fragen, warum mich seine Worte so geärgert haben. Warum fällt es mir so schwer zu erkennen, daß meine Sünde ein schlimmeres Problem ist als meine schwer durchschaubare, komplizierte Beschaffenheit? Warum widersetze ich mich so der biblischen Lehre, die besagt, daß die Wurzel meines Problems nicht in meiner persönlichen Identität, meinem unterentwickelten Selbst liegt, sondern in meiner sittlichen Identität, meinem Egoismus, der die Motive meines Handelns bestimmt?

Ob wir Moralisten sind, die jedes persönliche Problem mit einem Sündenbekenntnis lösen, oder aufgeklärte, moderne Menschen, die ihre Seele durchforsten, um in einer zerstörerischen Welt ein gewisses Maß an Unversehrtheit zu wahren – wir alle meinen, wir müßten uns mehr um unsere *Nöte* und *Wünsche* kümmern als um unsere *Selbstzentriertheit.*

Meine Selbstzentriertheit suggeriert mir ständig, es gebe nichts Wichtigeres auf der Welt als mein Bedürfnis, anerkannt und respektiert zu werden. Wenn die anderen wirklich anständig wären, so flüstert sie mir zu, dann würden alle, mit denen ich zu tun habe – sei es der Verkäufer im Laden, der Pfarrer oder mein Ehepartner –, alles daransetzen, um mich zu einem unversehrten, glücklichen Menschen zu machen, der sich rundum wohl fühlt. Wenn ich es eilig habe, dann sollte mich jemand in der Schlange vorlassen. Wenn ich geduldig gewartet habe, dann habe ich ein Lob verdient. Was ich brauche, sollte die Reaktionen der anderen bestimmen. Das ist die Gesinnung der Selbstzentriertheit.

Aber sie ist vollkommen falsch. Menschliche Bedürfnisse haben ihren Platz im Leben – ich möchte gern von anderen freundlich und gerecht behandelt werden –, aber sie gehören nicht an die erste Stelle. So wie ich zuerst die Tür öffnen muß, bevor ich in einen Raum gelangen kann, so sollte ich auch zuerst meine selbstzentrierte Lebensweise überwinden, bevor ich mit meinen menschlichen Bedürfnissen richtig umgehen kann.

Wir können an unserer Selbstzentriertheit nichts Schlechtes entdecken und beschäftigen uns lieber mit anderen Problemen. Es scheint uns wichtiger, unsere Möglichkeiten zu entfalten oder richtig zu handeln, als uns dieser Sünde zu stellen. Warum ist das so?

Dies ist auf zwei Ursachen zurückzuführen: Wir werden im Leben isoliert und verletzt, und wir sehen Gott als einen Richter, der es nicht eilig hat.

Das Leben isoliert und verletzt uns

Denken wir an die Frau zurück, die als kleines Mädchen an den Vermieter verkauft und die von ihrer Mutter für drei Tage in den Lüftungsschacht gesteckt wurde. Es wäre unsensibel und herzlos, dieser Frau nur zu sagen, sie sei selbstzentriert und brauche Vergebung. Sie empfand großen Schmerz, und dieser Schmerz war berechtigt.

Wenn ein Seelsorger dieser Frau zuhören könnte, ohne von tiefstem Mitleid ergriffen zu werden, dann wäre er für diesen Beruf genau so wenig geeignet wie ich für den Beruf des Chirurgen. Ein solcher Seelsorger könnte niemals das Herz Gottes repräsentieren.

Wer biblisch begründete Hilfe anbieten möchte, der muß den Schmerz des anderen mitfühlen, darf aber nicht vergessen, daß Gottes Vergebung für unsere Sünden am Anfang all unserer Bemühungen um Hilfe stehen muß. Ich will das im folgenden erklären.

Seit dem Sündenfall lebt jeder von uns in einem ganz realen Sinn allein. Kein anderer Mensch kann in unsere Haut schlüpfen. Wir spüren unseren Schmerz so stark, wie kein anderer es kann, egal wie sehr er sich in uns hineinzudenken versucht und mit uns weint.

Andere nehmen Anteil, aber sie können unsere Bedürfnisse nicht erfüllen. Oft kommen uns die Interessensbekundungen der anderen nichtssagend vor. Selten gibt es echten Zusammenhalt, Gefühle haben keinen Bestand, und wir fühlen uns isoliert, auch wenn wir in einer Gemeinschaft leben, die sich eigentlich um andere kümmern sollte.

Wir sehnen uns nach Berührung, nach der Gegenwart eines anderen Menschen. Aber diese Einsamkeit wird oft nur durch verletzende Begegnungen durchbrochen. Der Schmerz, den wir dann spüren, ist größer als die Freude, die wir empfinden, wenn jemand uns seine Anteilnahme zeigt. Freunde, die es gut mit uns meinen, können gerade das falsche Wort sagen, wenn wir das rechte Wort am dringendsten brauchen – der Schmerz darüber kann Jahre anhalten. Der Ehepartner, der uns liebt, kann sich mitunter so gemein verhalten, daß wir selbst seiner Freundlichkeit nicht mehr zu trauen wagen. Aufpassen! Man kann nie wissen, was einen Wutausbruch bei ihm auslöst. Immer auf der Hut sein – er könnte mich vernichten!

Manche Menschen sind so tief verletzt worden, daß sie kaum noch fähig sind, Beziehung einzugehen. In unserer Gesellschaft kommen immer mehr Fälle körperlicher Mißhandlung und sexuellen Mißbrauchs ans Licht. Sie zeigen uns, daß der Schmerz mancher Menschen weitaus größer ist als der Schmerz, den ein unfreundliches Wort auslösen kann.

Andere wiederum fühlen sich weder einsam noch schlecht behandelt, aber ihre Zufriedenheit weist nicht unbedingt auf Reife hin. Sorgloses Glücklichsein trifft man bei Menschen an, die einen nachlässigen Lebensstil haben und sich mit tiefen ethischen Fragen nicht auseinandersetzen. »Ich werde immer glücklich sein und keine Probleme haben«, sagt der Gottlose in Psalm 10,6.

Menschen, die nie den Schmerz der Einsamkeit erfahren haben, wissen nicht, wie wunderbar es ist, in der tiefen und engen Beziehung zu leben, für die wir bestimmt sind. Sie sind zufrieden, weil sie weniger vom Leben erwarten und vorgeben, gar nicht mehr zu wollen. Wenn sie Christen sind, begraben sie ihren persönlichen Schmerz unter dem Vergnügen, allen Wünschen nachzugeben, die sie einigermaßen legitim erfüllen können. Vielleicht engagieren sie sich noch mehr im christlichen Bereich, um Anerkennung zu finden, oder vertiefen sich noch mehr ins Bibelstudium, um nachher ihr Wissen vorführen zu können.

So mit dem Leben umzugehen ist jedoch eine Beleidigung des Einen, der einen viel besseren Platz für uns vorbereitet hat. Geistliches Wachstum ruft eine tiefe Sehnsucht in uns wach, die uns mit großer Vorfreude auf den Himmel warten läßt. Dieses Bewußtsein führt zu einer wahren Zufriedenheit; wir erwarten weniger von diesem Leben, weil uns für das nächste mehr verheißen ist. Aber es verstärkt auch unser Gefühl der Einsamkeit und macht uns sensibler für die schlechte Behandlung, die wir hier auf Erden erfahren.

Die meisten von uns geben zu, daß das Leben hart ist. Es geht nicht immer alles so, wie wir es uns vorstellen, und das verletzt uns. Krankheit, finanzielle Schwierigkeiten, ein Freund, der uns verrät, oder ein Ehepartner, der sich nicht um uns kümmert – das Leben ist nicht einfach. Die alltäglichen Aufgaben kommen uns manchmal wie ein großer Berg vor, den es mit einer schweren Last auf den Schultern zu erklimmen gilt.

Und dann stellen wir gern solche Überlegungen an: »Wenn die anderen wüßten, wie hart mein Leben ist, wie einsam und verletzt ich mich fühle, und wenn sie wüßten, wie schwer es für mich ist, alles gut zu bewältigen, dann würden sie nicht noch mehr Ansprüche an mich stellen. Ich bin so verletzt und so traurig, es wird Zeit, daß mir jemand entgegenkommt. Jeder, der wüßte, was ich alles durchgemacht habe, würde sich um mich kümmern.«

Obwohl diese Haltung in unserem Denken fest verwurzelt ist, tritt sie oft erst zutage, wenn wir Schweres erleben. Solange alles einigermaßen läuft, können wir alle recht fürsorglich und verantwortungsbewußt sein. Aber wenn wir erschüttert werden, wenn die Umstände uns an unsere Einsamkeit erinnern und Menschen uns unfreundlich behandeln, dann ziehen wir uns in unser Schneckenhaus zurück und meinen, wir müßten uns nicht mehr so sehr um andere kümmern.

Ehefrauen bitten ihre Männer oft gerade dann um Hilfe, wenn diese sich für ein paar Minuten ausruhen wollen. Ehemänner verspüren gerade dann sexuelles Verlangen, wenn ihre Frauen nicht die geringste Lust haben, mit ihnen ins Bett zu taumeln. Dann kommt ein Mechanismus bei uns in Gang: »Wenn mein Mann/meine Frau wirklich wüßte, wie es mir gerade geht und was ich heute alles durchgemacht habe, dann würde er/sie einsehen, daß es nicht richtig ist, jetzt irgendwelche Forderungen an mich zu stellen. Daß ich so behandelt werde, zeigt, wie unsensibel er/sie ist. Was ich jetzt brauche, ist eine Tasse Kaffee oder eine Rückenmassage.« Die Kämpfe, die wir auszufechten haben, und die Einsamkeit, die wir verspüren, rechtfertigen unsere Selbstzentriertheit. Es ist sehr interessant zu sehen, wie wir Menschen auf Alleinsein und falsche Behandlung reagieren. Als Jesus am Kreuz hing, forderte er nicht von den anderen, fair mit ihm umzugehen. Er war einsam, wurde unvorstellbar ungerecht behandelt und verspürte vielleicht den Wunsch, keine Schmerzen mehr zu haben. Aber er wollte den Willen des Vaters erfüllen und uns vor dem Gericht retten, und dies wurde nie zweitrangig gegenüber dem Wunsch, verschont zu bleiben. Es wäre ihm nie in den Sinn gekommen, sein Leiden als Entschuldigung für Selbstzentriertheit zu benutzen.

Wenn wir dagegen verletzt werden, dann benutzen wir unser Leiden als Ausrede für unsere Selbstzentriertheit. Die Selbstzentriertheit scheint uns verständlich, das Gebot, an das Wohl anderer zu denken, grausam und absurd. Als Christus litt, dachte er ganz selbstverständlich zuerst an andere: »Vater, vergib ihnen, denn sie wissen nicht, was sie tun.« Bei uns rechtfertigen Einsamkeit und Mißhandlung das Bemühen, unsere Würde zurückzugewinnen und unsere magere Lebensqualität zu erhalten. Jesus dagegen zeigte uns durch seine Einsamkeit und die Mißhandlungen, die erlitt, worin sich ein selbstzentrierter von einem liebenden Charakter unterscheidet: »Heute wirst du mit mir im Paradies sein.«

Für unsere eigenen Interessen zu leben erscheint uns nicht falsch, wenn wir uns einsam und verletzt fühlen. Die Kämpfe, die wir im Leben durchzustehen haben, lassen unsere Selbstzentriertheit nicht nur vernünftig erscheinen, sondern auch richtig: »Wenn die anderen nur wüßten, wie leer und verletzt ich mich wirklich fühle...«

Aber noch etwas trägt — vielleicht noch stärker — dazu bei, daß wir die Selbstzentriertheit entschuldigen und rechtfertigen.

Gott ist ein Richter, der es nicht eilig hat

Als Junge war ich jeweils einen Tag vor den Klassenarbeiten darauf bedacht, keine offensichtliche Sünde zu begehen. Obwohl man mir etwas anderes erzählt hatte, stellte ich mir Gott als einen alten, vielleicht etwas mürrischen Nachbarn vor, vor dem man zittern mußte, wenn man aus Versehen einen Ball in seinen Garten geschossen hatte. Ich wußte genau: Wenn ich sündigte, so würde mich die Strafe sofort und heftig treffen.

Aber manchmal passierte es mir, daß ich am Abend vor einer Klassenarbeit etwas Schlimmes getan hatte und trotzdem eine gute Note schrieb. Ich weiß noch, daß mich das sehr verwirrte. War es denn egal, daß ich etwas Falsches getan hatte? Konnten die Bälle in den Garten des Nachbarn fliegen, ohne daß dies Konsequenzen hatte? Vielleicht störte es den alten Mann gar nicht, wenn Kinder durch seinen Blumengarten rannten, um ihren Ball zurückzuholen. War es Gott denn gleichgültig, ob ich mich gut benahm oder eine schwere Sünde beging?

Denken wir doch einmal an die vielen Male, als wir Gewissensbisse hatten, nachdem wir einen Fehler gemacht hatten: »Das war falsch! Das werde ich büßen müssen.« Und dann geschah nichts. Oder umgekehrt. Wie oft haben wir unserer Lieblingssünde widerstanden und hofften, von Gott dafür belohnt zu werden. Aber dann brachen tausend Probleme über uns herein: eine ungenügende Klassenarbeit, ein platter Reifen, eine schlechte Nachricht vom Arzt oder der Seitensprung unseres Ehepartners.

In dieser Welt, so wie sie von Gott geführt wird, können wir zu Fatalisten werden: Es kommt eben so, wie es kommen muß. Manche treiben diesen Gedanken noch weiter und glauben, es mache kaum einen Unterschied, ob man sich gut oder schlecht verhält.

Wir tun unser Bestes, um unsere Kinder gut zu erziehen, und unsere siebzehnjährige Tochter wird schwanger. Wir bitten um Gottes Führung bei der Wahl unseres Ehepartners und finden fünf Jahre nach der Hochzeit heraus, daß unser Mann aktiv homosexuell ist. Wir sorgen gut für unsere Familie und sehen uns auf Geschäftsreisen im Hotelzimmer nie einen Porno an, und unsere Frau hat ein Techtelmechtel mit einem Kollegen. Wir tun alles, um unseren Partner zufriedenzustellen, und nach achtundzwanzig Jahren regt er sich immer noch auf, wenn der Kaffee nicht heiß genug ist.

Zahlt sich ein gutes Leben aus? Oder ist ein schlechtes vielleicht genauso rentabel, wenn nicht noch mehr? Vielleicht haben wir unser Herz rein gehalten und waschen unsere Hände in Unschuld (Psalm 73,3).

Zu Lebzeiten des Apostels Petrus fragten einige: »Wo bleibt die Verheißung seines Kommens? . . . Es bleibt alles, wie es von Anfang der Schöpfung gewesen ist« (2.Petrus 3,4). Wie jene Christen im ersten Jahrhundert sehen wir uns um in unserer Welt (z.B. in Restaurants, in der Werbung oder im Geschäftsleben) und sehen, daß »die Bösen frei umhergehen und die Gemeinheit unter den Menschen ständig zunimmt« (Psalm 12,9).

Vielleicht »hat Gott es vergessen, hat sein Gesicht verhüllt und sieht nichts« (Psalm 10,11). Ist Gott wie manche *Eltern*, die es nicht wahrhaben wollen, daß ihr Kind Drogen nimmt, die ihre Augen vor allem verschließen, was darauf hinweist? Kinder aus solchen Elternhäusern lernen es schnell, daß sie alles tun können, was sie wollen, ohne Konsequenzen dafür befürchten zu müssen. Offenbar sind die Dinge, die uns strikt verboten wurden, doch gar nicht so schlimm.

Wir erkennen: Trotz vieler Warnungen, die von den Kanzeln auf uns herabdonnern, scheint unsere Selbstzentriertheit kaum schlimme Folgen nach sich zu ziehen. Und jeder Jugendliche weiß, daß man das Schimpfen der Eltern leicht ertragen kann, solange sie nicht hart durchgreifen.

Gott scheint es mit dem Richten nicht eilig zu haben. Es sieht ganz so aus, als könnten wir selbstzentriert leben, ohne dafür zahlen zu müssen.

Doch wir können Gottes Zögern auf zweierlei Weise erklären: Entweder macht ihm die Sünde nichts aus, oder »er hat Geduld mit uns und will nicht, daß jemand verloren werde, sondern daß jedermann zur Buße finde« (2.Petrus 3,9).

In unserem gefallenen Denken interpretieren wir das hinausgezögerte Gericht Gottes gern als Gleichgültigkeit. Wenn Gott, der höchste moralische Maßstab, der die Macht hat zu strafen oder zu belohnen, sich durch unsere Selbstzentriertheit nicht gestört fühlt, können wir ja so weitermachen und alles tun, was uns Spaß macht, ohne eine Strafe fürchten zu müssen und ohne die gute Meinung, die wir von uns haben, aufzugeben.

Unser Gewissen können wir getrost ignorieren, unangenehme Schuldgefühle als neurotische Relikte unserer Kindheit beiseiteschieben. Damals fürchteten wir uns vor Gefahren, die unserer Phantasie entsprangen und die wir als reife Erwachsenen längst überwunden haben: die Angst vor dem Schwarzen Mann und vor dem Krokodil unter dem Bett.

Darum betrachten wir die Selbstzentriertheit als ein unbedeutendes Problem. Viele halten Steuerhinterziehung oder eheliche Untreue für falsch, denken aber nie darüber nach, daß sie z.B. mehr über sich selbst sprechen, statt nach anderen zu fragen, oder daß immer ihr Ehepartner das Badezimmer aufräumen muß. Es gäbe noch sehr viele andere Beispiele.

Es stimmt: Wir können mit unseren täglichen Vergehen immer weitermachen, zumindest eine Zeitlang, ohne daß uns gleich der Blitz trifft. Und die Schwierigkeiten scheinen sich gleichmäßig auf gute und schlechte Menschen zu verteilen.

Wenn wir auf uns selbst sehen, geht es uns oft noch besser. Daß Gott es nicht eilig hat, kann uns dazu ermutigen, unseren Kampf gegen die Sünde auf die leichte Schulter zu nehmen.

Zwei Dinge tragen also dazu bei, daß wir unsere Sünde nicht ernst nehmen: Einmal eine isolierende und verletzende Welt, die uns eine Entschuldigung für die Selbstzentriertheit liefert, und dann Gottes verzögertes Gericht, das wir falsch interpretieren als Gleichgültigkeit gegenüber dem, was wir tun. Folglich halten wir es für wichtiger, uns selbst besser zu verstehen, als unsere Sünden zu bekennen.

Nachdem wir unsere Selbstzentriertheit als geringfügige Funktionsstörung abgetan haben, können wir uns dem zuwenden, was uns selbstzentrierten Menschen wirklich wichtig erscheint: unserer Lebensqualität. Unsere Verletzungen zu heilen und unsere Persönlichkeit wiederherzustellen, scheint uns ein viel dringenderes Anliegen zu sein als die Frage, wie wir dem Gericht Gottes entfliehen können und wie wir dem dienen sollen, der uns vom Gericht befreit hat.

Kapitel 5

Veränderung ist möglich

»Also gut, ich bin egoistisch. Das ist ja nichts Neues.« Für uns ist Selbstzentriertheit so, als ob wir uns eine zweite Nachspeise bestellen: Es mag vielleicht nicht richtig sein, aber ein großes Problem ist es auch nicht. Die meisten von uns beschäftigen sich mit viel schwerwiegenderen Problemen: wie sie ihre sexuellen Triebe beherrschen, wie sie mit der Einsamkeit fertig werden, wie sie mit der Familie und den Kollegen auskommen, wie sie finanziell über die Runden kommen und wie sie sich halbwegs gesund halten können. Der Egoismus ist kein großes Problem.

Solange wir aber nicht erkennen, daß es für die Sünde der Selbstzentriertheit keine Entschuldigung gibt und daß sie tödliche Macht besitzt, wird es uns nicht gelingen, andere Menschen an die erste Stelle zu setzen. Wir übersehen die eigensüchtigen Motive, die hinter vielen unserer Taten stecken, und wenn wir unseren Egoismus eingestehen, dann halten wir ihn für einen entschuldbaren Irrtum.

Die Augenblicke, wo wir uns des ganzen Ausmaßes unserer Selbstzentriertheit bewußt werden, sind selten und können nicht erzwungen werden. Sie kommen meistens ganz überraschend und haben ungeahnte Auswirkungen. Einen solchen Moment erlebte ich einmal ganz nebenbei während einer Unterhaltung.

Ich saß in einem Straßencafé in Kapstadt, trank eine Tasse Kaffee und genoß die Unterhaltung mit dem britischen Theologen D. Broughton Knox. Um uns pulsierte das Leben der schönen südafrikanischen Stadt. Hinter uns erhob sich die Kulisse der beeindruckenden Berge, die stolz in die Höhe ragten und in weißen Wolken verschwanden. Auf der einen Seite dehnten sich weite Felder mit einem bunten Flickenteppich wilder Blumen aus.

Eine Pause in unserem Gespräch erlaubte es mir, die Schönheit um mich herum zu betrachten. Ich wurde nachdenklich. Schließlich unterbrach ich die Stille und stellte meinem Gesprächspartner eine Frage, die ich für sehr komplex und tiefsinnig hielt und über die sich Generationen von weniger begabten Menschen schon den Kopf zerbrochen hatten.

»Was meinen Sie, warum kommen die Menschen so schwer miteinander zurecht?«

Dr. Knox ist als brillanter Denker bekannt, ja bei manchen sogar gefürchtet. Seine Ansichten zu hinterfragen ist ein Risiko, denn er vertritt keine Meinung, ohne die Alternativen vorher gründlich durchdacht zu haben. Er kann wichtige Gedanken in schlichte Worte fassen, einfach weil er sie so gut verstanden hat.

Als ich sprach, sah er mich mit schmeichelhafter Aufmerksamkeit an. Dann sagte er, ganz ohne Arroganz oder Zögern: »Es ist alles nur auf den Egoismus zurückzuführen, oder? Ist es nicht interessant, daß die Leute es immer so kompliziert machen? Ich glaube, das liegt daran, daß wir uns nicht gern so sehen, wie wir wirklich sind.«

Was er sagte, war so frisch, klar und treffend, daß ich ganz verblüfft war. Seine Worte verschlugen mir die Sprache: All unsere Beziehungsprobleme entsprangen ein und derselben verseuchten Quelle – unserem Egoismus!

Wenn das stimmt, dachte ich, dann besteht das Problem schlechthin darin, wie selbstzentrierte Menschen zu solchen werden können, die in erster Linie das Wohl der anderen im Blick haben.

Seit damals war mir jedoch auch klar, daß wir zunächst mit einem anderen Problem fertig werden müssen. Es hat kaum irgendwelche Auswirkungen, wenn uns jemand sagt, wir seien eigensüchtig. Die meisten von uns würden das unumwunden zugeben. Insgeheim denken wir aber, unser Vergehen sei gar nicht so schlimm. Vielleicht ein kleiner Ausrutscher, der aber keine große Strafe verdient hat.

Zuallererst müssen wir also gegen die Gewohnheit vorgehen, unseren Egoismus angesichts der Kämpfe, die wir durchstehen müssen, für entschuldbar zu halten und andere Probleme vorrangig zu behandeln. Wir müssen einsehen, daß sich in bestimmte Rollen zu fügen oder sich von ihnen zu befreien, nicht das Wichtigste ist, um unsere Beziehung zu anderen so zu gestalten, wie Gott es möchte. Viel wichtiger ist es, unsere Selbstsucht ehrlich vor Gott als solche zu bekennen und uns von ihr abwenden zu wollen.

Wenn wir Menschen helfen wollen, so zu leben, wie es Gott gefällt, dann müssen wir uns zunächst um das Problem der Selbstsucht kümmern. Wenn wir unsere Aufmerksamkeit auf etwas anderes richten – egal ob wir Menschen in konforme Rollen pressen oder sie durch Therapien psychologisch und gesellschaftlich befreien wollen –, verfehlen wir unser Ziel.

Eine persönliche Diagnose gestellt zu bekommen, gefällt dem sündigen Menschen nicht. Ehrliche Selbsteinschätzung läßt uns die nicht gerade schmeichelhaften Seiten an uns entdecken. Aber die Diagnose, egal wie unangenehm sie ist, muß der Behandlung vorangehen, weil sie uns zeigt, welche Behandlung nötig ist, und uns diese dankbar annehmen läßt.

Was kann uns davon überzeugen, daß unser Egoismus unentschuldbar ist und daß wir in Freundschaft und Ehe zuallererst unsere Selbstsucht eingestehen und lernen müssen, uns zu ändern?

Um diese Frage zu beantworten, müssen wir drei Dinge verstehen: Was wir am dringendsten brauchen, ist Vergebung; nur das Gesetz Gottes hat die Macht, unsere Ausreden vom Tisch zu wischen; und Veränderung ist nur möglich, wenn sie mit Hoffnung verbunden ist.

Was wir am dringendsten brauchen

In John Bunyans klassischem allegorischem Werk »Pilgerreise zur ewigen Seligkeit« beginnt der Pilger, die Hauptfigur, seine Reise mit einer schweren Last, die auf seinem Rücken festgeschnallt ist. Sie zieht seine ganze Aufmerksamkeit auf sich. Nichts ist für ihn wichtiger, als diese Last loszuwerden.

Dieses schwere Gewicht auf der Schulter des Pilgers soll seine Sünde darstellen. Er kann von ihr nicht freiwerden, bis er auf einen Hügel geklettert ist und dort am Kreuz Vergebung findet. Der Pilger wird nun Christ und setzt seine Reise fort mit der unermüdlichen Suche nach der himmlischen Stadt.

Wollten wir die »Pilgerreise zur ewigen Seligkeit« heute neu schreiben und sollten sich darin die Werte der heutigen Christenheit widerspiegeln, dann müßten wir den Pilger *Opfer* nennen, und sein Problem wäre nicht die Sünde, die ihm als symbolische Last auf der Schulter liegt, sondern seine eng eingeschnürte Seele, die nach Luft schnappt. Oder er hätte mit einer verletzten Seele zu kämpfen, symbolisch dargestellt als offene Wunde an seinem Körper, die ihm von Freunden zugefügt wurde, die sich ganz plötzlich gegen ihn gestellt haben und ihn für ihre eigenen Zwecke mißbrauchten.

Wäre der Autor der modernen Version ein *Moralist*, würde er das Opfer von seinem Gefangensein und seinen Verletzungen dadurch befreien, daß er es streng ermahnte, Gott zu gehorchen. Das Opfer folgte der Zurechtweisung brav, und nachdem einige Zeit verstrichen wäre, in der das Opfer sich moralisch einwandfrei verhalten hätte, würde man es »Pharisäer« nennen.

Diese Version der Geschichte würde sich allerdings sehr schlecht verkaufen, vor allem bei der immer größer werdenden Zahl von Freidenkern, die jede Autorität außerhalb ihrer selbst ablehnen. Sie würden sich beeilen, eine zweite Version herauszugeben. Diesmal würde der Autor viel Verständnis aufbringen für den zutiefst menschlichen Schrei nach Freiheit.

In dieser noch moderneren Geschichte (die mit Sicherheit in die Bestsellerliste käme) wird aus dem »Opfer« das »Selbst«, das lernt, sich aus allen Abhängigkeitsbeziehungen zu befreien und ein selbstbewußtes, kreatives, unabhängiges Leben zu führen. Die Geschichte endet damit, daß das Selbst in das Reich des Selbst gelangt, wo es in utopischer Harmonie mit anderen Selbst zusammenlebt, die alle nur an ihre eigene Freiheit denken.

Problematisch bei beiden neuen Ausgaben ist nicht die Lösung, sondern die Diagnose des Problems. Beide Autoren identifizieren die Last nicht als Sünde, sondern als Einschränkung oder als persönliche Verletzung.

Der moralistische Autor, dessen Held zum Pharisäer wurde, würde natürlich sofort mit pharisäischer Empörung darauf hinweisen, daß er keine solche Abweichung vorgenommen habe. Das Problem, so meint er, sei weiterhin die Sünde, der man sich stellen und von der man ablassen müsse.

Aber wenn seine moralischen Ermahnungen, ein geheiligtes Leben zu führen, die Antwort auf den Hilfeschrei des Opfers sein sollen, dann ist er in der Tat von der biblischen Sicht der Sünde abgewichen. Der Hilfeschrei des Opfers muß gehört werden. Die Mißhandlungen der anderen haben es verletzt. Sein Schmerz muß verstanden werden, und man darf ihn nicht abschätzig beiseiteschieben. Aber wofür das Opfer diesen Schmerz mißbraucht – nämlich um sein selbstzentriertes Leben zu rechtfertigen –, das muß aufgedeckt und verurteilt werden.

Auf den Schmerz anderer Menschen mit einer Ermahnung zu anständigem Leben zu reagieren, offenbart ein liebloses Herz und ein oberflächliches Verständnis von Sünde. Menschen, die wirklich Anteil nehmen und unter Sünde mehr verstehen als nur falsches Verhalten, werden das Problem mit Sensibilität, aber auch mit Entschlossenheit angehen und zeigen, daß nicht eine moralische Verpflichtung, sondern Vergebung nötig ist.

Christen von heute tendieren dazu, entweder in äußerer Moralität oder in der Selbstverwirklichung den Weg zu einem erfüllten Leben zu sehen. Aber damit schießen sie am Ziel vorbei.

Solange wir nämlich nicht sehen, daß unsere Selbstzentriertheit das Haupthindernis auf dem Weg zu einem reifen Christsein ist und daß wir dieses Hindernis weder durch moralische Anstrengungen noch durch die Weiterentwicklung unserer Persönlichkeit wegräumen können, werden wir unsere Kräfte immer mit der Lösung kleinerer Probleme verschwenden. Statt zu lernen, wie Gott uns zu Menschen machen kann, die auf andere ausgerichtet sind, indem er unsere Selbstsucht vergibt und uns eine tiefe Freude schenkt, die jede Krise übersteht, machen wir uns mehr Gedanken darüber, wie wir die schmerzlichen Erfahrungen in unserem Leben beseitigen können.

Was würde uns wirklich glücklich machen?

Es wäre sicherlich interessant, eine Gruppe von Christen zu bitten, das aufzuschreiben, was sie im Augenblick am meisten brauchen, um wirklich glücklich zu sein.

Manche würden vermutlich an erster Stelle eine tiefere Beziehung zu Jesus Christus nennen. Die meisten von ihnen würden darunter wohl ein disziplinierteres Bibelstudium und Gebet verstehen. Andere würden soziale Gerechtigkeit in Gemeinde und Familie anführen. Und wieder andere, die Mehrheit wahrscheinlich, würden an schmerzliche Kämpfe denken, die sie im Alltag auszustehen haben, und folgende Wünsche aufschreiben:

- daß der Ehemann zu trinken aufhört
- daß die Ehefrau mehr Interesse an trauter Zweisamkeit hat
- daß der Tumor sich bei der Untersuchung als gutartig herausstellt
- eine bessere Arbeitsstelle
- mehr Geld
- den Mann fürs Leben
- daß der vom Elternhaus entfremdete Sohn wieder zurückkehrt
- daß die rebellische Tochter ihren Widerstand aufgibt
- daß der Mann oder die Frau, die Eltern oder die Kinder zum Glauben kommen.

Dies sind aufrichtige und brennende Wünsche, die auch Gott gutheißen würde. Sie bringen alle Schmerz in unser Leben, der erst verschwindet, wenn sich ein anderer Mensch oder die jeweilige Situation ändert. Es ist recht und gut, im Gebet darum zu ringen, daß Gott die gewünschte Veränderung herbeiführt.

Aber jede dieser Antworten ist die falsche Antwort auf die Frage: Was brauche ich am meisten, um wirklich glücklich zu sein? Es gibt nur eine richtige Antwort: Es ist die *Vergebung*

Gottes. Sie ermöglicht mir die Beziehung zu ihm zum erstenmal und auch immer wieder neu. Jede andere Antwort ist falsch.

Hätte die Frage gelautet: Was *außer* Vergebung brauche ich jetzt, um glücklich zu sein, könnten viele der Antworten richtig sein. Wir meinen aber, die Probleme, die uns gerade am meisten beschäftigen, seien viel wichtiger als die Vergebung. Dies zeigt aber nur, wie verzerrt unsere Sicht des Lebens ist.

Wirkt jedoch die Kraft der Vergebung nicht in meinem Leben, bleibe ich allein und ungeliebt, kümmert keiner sich mit ganzer Kraft um mein Wohlergehen, hat mein Dasein keinen Sinn, bin ich lebensmüde. Dann habe ich aber auch Angst vor dem Tod und kann nur die Freuden genießen, die mich der Realität entreißen und die mich nachher meine Leere um so mehr empfinden lassen, ich habe dann Angst vor der schrecklichen Freiheit, mich im Dunkeln für einen Weg entscheiden zu müssen.

Irgendwie gelingt es uns aber – und das ist eine kluge teuflische List – zu glauben, daß wir eine fortwährende Vergebung gar nicht nötig haben. Wir meinen zwar, daß Buße und Vergebung im Gottesdienst nicht fehlen dürfen, aber bei uns persönlich halten wir anderes für wichtiger. Vergebung ist in unseren Augen ein Lebensfundament, das einmal gelegt worden ist, aber sie ist keine Realität, die wir in diesem Augenblick und immer wieder brauchen. Mit der Vergebung beginnt das Leben des Christen, aber für seine Fortdauer brauchen wir etwas anderes (moralische Anstrengung? Selbstverwirklichung?). Und was dieses andere auch sein mag, wir verfolgen es mit missionarischem Eifer und verharren so in unserer selbstzentrierten Lebenshaltung.

Wenn unsere Beziehung zu Gott nicht nur auf der Vergebung aufbaut, sondern auch von ihr gehalten wird, können wir unser Wohlergehen im Blick haben, ohne in falsche Selbstzentriertheit zu verfallen. Denn um diese Beziehung einzugehen und uns immer tiefer an ihr zu freuen, dürfen wir uns nicht auf unsere eigenen Fähigkeiten verlassen, um im Leben zu bestehen oder uns vor Schmerz zu schützen. Vielmehr müssen wir darauf vertrauen, daß Gott, der es gut mit uns meint, uns richtig führen wird, und ihm als bußfertige Menschen nachfolgen.

Wir sind erst dann auf dem richtigen Weg, gute Beziehungen aufbauen zu können, wenn wir unsere Gleichgültigkeit gegenüber unserer Selbstzentrierung auch ehrlich eingestehen. Das ist ein Eingeständnis, das uns die Vergebung wichtiger macht als alles andere, was wir brauchen.

Was unsere Entschuldigungen vom Tisch wischt

Menschen empfinden körperlichen und seelischen Schmerz. Das gilt auch für uns. Wir waren für eine viel bessere Welt bestimmt als die, in der wir jetzt leben. In der besseren Welt, die für uns als Gottes Familie noch in der Zukunft liegt, werden wir uns ganz uneingeschränkt um einander kümmern. Wir werden ein reines Wesen haben, das nicht mehr zu klagen braucht, so wie wir einen vollkommenen Körper haben werden, den keine Krankheit mehr heimsucht.

In dieser Welt aber geht es anders zu. Wir sind einsam. Wir sind verletzt, weil wir abgelehnt wurden, zornig, weil man uns grausam behandelt hat, desillusioniert von machthungrigen christlichen Leitern, erschöpft durch unsere vielen Verpflichtungen, traurig, weil wir von geliebten Menschen getrennt sind, verunsichert und verletzt wegen der Spannungen in unserer Familie, voll unaussprechlicher Trauer, weil unser Kind sterbenskrank ist, und vor Sorgen dem Zusammenbruch nahe, weil wir umwälzende Veränderungen in unserem Leben nicht verkraften.

Gläubige und ungläubige Menschen können das Leben genießen, trotz aller Schwierigkeiten. Christen freuen sich an guten Dingen — einem wohlschmeckenden Essen, einem Wochenendausflug, der Gemeinschaft mit Freunden — und ertragen die schweren geduldig — eine Tochter, die an Magersucht leidet, eine Kündigung, ein Freund, der sie verrät. Sie wissen, daß ihr Leben einen Sinn hat, sie besitzen eine innere Freude, die nicht vergeht. Weil sie deutlich spüren, daß nichts hier das tiefste Verlangen ihrer Seele befriedigen kann, führt der stille, aber starke Schmerz in ihrem Innern sie nicht in die Klage, sondern zur Vorfreude auf das, was kommen wird, und zur weiteren Hingabe an Gott.

Der Unterschied zwischen Christen und Nichtchristen besteht nicht darin, daß es den einen immer gut geht und den anderen nicht, oder daß die einen glücklicher sind als die anderen. Der Unterschied liegt vielmehr darin, wie sie mit den seelischen Verletzungen umgehen, die sie erlitten haben. Entweder tun sie das, was natürlich wäre: sie mißbrauchen ihre seelische Verletzung, um ihr selbstzentriertes Handeln zu rechtfertigen, mit dem sie den Schmerz lindern wollen, und kümmern sich weniger darum, was sie anderen antun, als um das, was für sie angenehm ist; oder sie tun das, was *unnatürlich* wäre: sie benutzen ihren Schmerz, um andere besser verstehen und ermutigen zu können, sie halten sich mit aller Kraft an ihrem Herrn fest, der ihnen Befreiung verheißen hat, und sind fest entschlossen, seinen Willen zu tun. (Diese Haltung ist insofern natürlich für einen Christen, als sie dem Verlangen entspricht, Gott zu gefallen. Ein Verlangen, das in jedem *wiedergeborenen* Herz vorhanden ist.)

Daß wir der Neigung, uns nur für uns selbst zu interessieren, nachgeben, kann jedem von uns passieren. Wir denken dann folgendermaßen:

»Jeder, der weiß, was ich durchgemacht habe, wie hart ich arbeite, um den Kopf über Wasser zu halten, und wie schlecht ich mich manchmal fühle, würde mich nicht kritisieren, sondern sich für mich interessieren und mir zu helfen versuchen. In meiner Situation ist es ganz natürlich, daß ich mehr daran denke, wie ich das alles schaffen soll, als an dich und deine Probleme.

Wenn wir zusammen sind, macht es mich sehr betroffen, wenn du nicht viel danach fragst, wie es mir geht. Nun ja, ich frage auch nicht viel nach dir, das stimmt. Eigentlich sollte ich mich schon mehr für dich interessieren, aber ich hatte es gerade so schwer mit den Kindern. Eines davon ist immer noch den ganzen Tag zu Hause, während deine ja alle in der Schule sind.

Ja, und unser Auto, das erst drei Jahre alt ist, muß schon wieder in die Reparatur. Euer neues gefällt mir übrigens sehr gut. Der Raumgestalter sagt, er könne unseren neuen Teppich auch in den nächsten zwei Wochen noch nicht verlegen. Es kommt gerade alles zusammen.

Ach ja, habe ich dir erzählt, daß wir an Weihnachten nicht wegfahren und daß meine Eltern auch nicht herkommen können? Manchmal frage ich mich, ob die Kinder überhaupt wissen, daß sie auch Großeltern haben ...«

Wir lassen uns so leicht von unseren eigenen Sorgen gefangennehmen. Das kommt ganz automatisch. Wenn wir über unser Leben plappern nach dem Motto »Keiner hat es so schwer wie ich«, dann hört niemand wirklich zu, und nur die unermüdlichsten Plapperer merken nicht, daß das Interesse der anderen bestenfalls Höflichkeit ist.

Am Ende solcher mühseligen Gespräche haben wir das Gefühl, daß wir anderen nichts bedeuten und daß unsere Freunde egoistisch und unsensibel sind. Der Gedanke, auf sie zuzugehen, scheint uns unerträglich; vielmehr sollten sie auf uns zugehen und ihre Freundschaft unter Beweis stellen.

Unsere Selbstzentriertheit bestimmt in so starkem Maße unsere Beziehungen und wir haben uns so sehr daran gewöhnt, sie zu rechtfertigen, daß nur das Gesetz Gottes diese *Festung* zu stürmen vermag. Und dies geschieht auf ganz unerwartete Weise.

Wir meinen oft, Gott sei dazu da, uns anzufeuern, während wir versuchen, in den Stürmen des Lebens Kurs zu halten. Gott will uns auch ermutigen. Aber es gibt einen Zug in unserem Wesen, der eine andere Reaktion Gottes nötig macht und ihn uns von einer anderen Seite zeigt: Er handelt dann nicht mehr wie ein Anführer des Fanclubs, der uns anfeuert und uns zum Ziel bringt, sondern wie der Chirurg, der das Skalpell in der Hand hat.

Er sieht bei uns das, was *wir* in unserer Kurzsichtigkeit nicht sehen können. Wir meinen, unser größter Kampf sei es, mit einem unbequemen Ehepartner zurechtzukommen oder in einer schrecklich ungemütlichen Welt ein kleines bißchen Trost und Ruhe zu finden. Aber Gott sieht den Krebs der Selbstzentriertheit, der sogar schon unsere geduldigsten und heroischsten Taten befallen hat. Und weil ihm so viel daran liegt, uns wieder vollkommen gesund zu machen, hängt er überall in unserem Zimmer Röntgenbilder auf, um uns unsere ausweglose Lage bewußt zu machen.

Aber wir sehen weg und lassen uns von der falschen Vorstellung leiten, daß jemand, der unseren Schmerz versteht, nur mit Zuspruch und Mitgefühl reagieren wird. Gott dagegen, der sogar die Schmerzen versteht, die wir schon längst wieder vergessen haben, nimmt uns immer wieder die Illusionen und erinnert uns daran, daß wir nicht vollkommen lieben; er weigert sich, auch nur einen Zentimeter von seinem Anspruch nach Vollkommenheit abzurücken.

Das Gesetz Gottes ist von unerbittlicher Härte. Es schenkt keinem eine Verschnaufpause, die er oder sie bei all dem Leid verdient zu haben meint. In jedem Augenblick unseres Lebens erwartet Gott von uns, daß wir völlig für den anderen da sind, ganz gleich, ob dieser andere ein treuer Freund oder ein untreuer Ehepartner ist. Der kleinste Kompromiß zerstört jede Hoffnung, von Gott angenommen zu werden. Wer Gott sein »gutes Leben« präsentiert und seine Beziehung zu ihm darauf gründen will, der wird statt dessen aus Gottes Gegenwart verbannt.

Wir, die wir so gern unseren Mangel an Nächstenliebe damit entschuldigen, daß die anderen uns so wenig lieben, müssen endlich einsehen, daß Gott auch dann, wenn wir sehr verletzt wurden, von uns eine reine Liebe verlangt.

Aber er weiß auch, daß er sie von uns nicht erwarten kann, weil wir nicht dazu fähig sind. Seine unabänderlichen Gebote sollen uns mit einer anderen Dimension seines Wesens bekanntmachen: seiner Gnade, die nur derjenige erleben kann, der versagt hat und dies auch zugibt.

Wenn wir einmal zugeben, daß wir nicht alles erfüllen können, was von uns verlangt wird, dann gibt es für uns nur zwei Möglichkeiten: Entweder wir sagen, das Gebot sei schlecht (und bereiten unsere Verteidigung vor dem Jüngsten Gericht vor, indem wir alle Verwundungen auflisten, die das Leben uns zugefügt hat), oder wir gestehen ein, daß wir schlecht sind.

Zuzugeben, daß wir schlecht sind, ist allerdings etwas anderes, als sich selbst zu verachten. Viele von uns haben das vage

Gefühl, daß sie nicht ganz so sind, wie sie sein sollten. Aber dieses Unbehagen ist oft eine falsche Selbstverachtung. Sie entstand, weil unvollkommene Autoritätspersonen unerreichbare Verhaltensmaßstäbe an uns anlegten und uns dann ablehnten.

Es ist ganz legitim, wenn wir aus der dunklen Nacht der Ablehnung in das helle Licht der Gnade Gottes treten wollen. Aber dieser Weg führt uns zunächst durch eine noch dunklere Nacht, wo wir allein vor einem gerechten Richter stehen und gezwungen sind zuzugeben, daß wir mit unserem Versagen seinen Zorn verdient haben.

Die richtige Haltung

Ein reifer werdender Christ, der sich selbst richtig einschätzen gelernt hat, wird Gott immer wieder demütig bekennen: »Herr, in jedem Augenblick meines Lebens verdammt mich dein Gesetz, egal welche Verletzungen mir zugefügt wurden. Deine Maßstäbe sind richtig, aber ich kann sie nicht erfüllen. Ich bin nicht gut genug, um das zu tun, was du willst. Ich habe dein Urteil verdient. Was ich jetzt und auch in Zukunft, bis ich sterbe, immer wieder am dringendsten brauche, ist Vergebung. Weil du durch deinen Tod für mich die Vergebung erwirkt hast, kann ich in der Freiheit der Vergebung leben und von meiner Sünde weder gefangen noch ihr gegenüber gleichgültig sein.«

Wenn Gott auch nur fünf Minuten unseres Lebens nehmen und unsere Gedanken, Motive und Taten in diesem kurzen Zeitabschnitt genau prüfen würde, so könnte er uns aufgrund dessen mit gutem Recht hinaus in die Finsternis werfen, wo wir für immer allein in Schrecken und Verzweiflung umherirren müßten. Wenn wir anfangen, das zu begreifen, dann wissen wir, wie schwach unsere Ausreden sind und wie tödlich unsere Selbstsucht ist. Dann sind wir auf dem besten Weg, die Gnade zu *erleben* und uns mehr auf andere ausrichten zu können.

Wenn wir selbst in den schwersten Zeiten unseres Lebens die unerbittlichen Forderungen des Gesetzes hören, dann stürzen die Ausreden für unsere Selbstzentriertheit wie ein Kartenhaus in sich zusammen. Dann erst können wir hören, wie Gott zu uns sagt: »Ich habe dir vergeben. Es ist alles in Ordnung. Freue dich!« Nicht unser Bemühen, liebevollere Menschen zu werden, sondern die Gnade Gottes ist das Fundament für alles Gute, was wir in eine Beziehung einbringen können.

Eine kleine Begebenheit mag dies verdeutlichen.

Ein Mann und seine Frau gehen miteinander durch die Regalreihen eines Supermarktes, sie voraus, er mit dem Einkaufswagen hinterher. Er wollte überhaupt nicht mitkommen, aber seine Frau wünschte es sich (aus ihm unbekannten Gründen) sehr. Also ist er mitgegangen und findet sein Verhalten sehr edel.

Seine Frau bleibt vor einem langen Regal mit Gewürzen stehen und geht die Reihen systematisch durch. Koriander, Kräuter der Provence, Kümmel. Er fragt sich, warum sie so lange braucht, und erkundigt sich mit kaum verhohlener Ungeduld: »Was suchst du denn eigentlich?« Sie murmelt den Namen eines Gewürzes, der ihm wohl auch unbekannt gewesen wäre, wenn er ihn verstanden hätte.

Er merkt, wie die Wut in ihm aufsteigt. »Wozu brauchst du das überhaupt? Ich hab jetzt langsam Hunger.«

Sie wirft ihm einen ungläubigen und zornigen Blick zu und entgegnet: »Ich weiß gar nicht, warum ich dich gebeten habe mitzukommen.« Dann wendet sie sich ab und läuft verletzt und wütend den Gang entlang.

Nehmen wir einmal an, der Mann hätte, als die Wut ihn packte, gedacht: »Es ärgert mich wirklich, daß sie mehr Zeit als nötig braucht, um irgendein besonderes Gewürz zu suchen. Ich weiß, ich komme mir ziemlich edel vor, weil ich bereit war mitzukommen; ich war schließlich sehr müde nach dem langen Arbeitstag. Meiner Meinung nach sollte sie merken, daß ich müde bin, und es zu schätzen wissen, daß ich überhaupt mitgekommen ist. Darum sollte sie sich beeilen. Ich verlange von ihr, daß sie auf mich Rücksicht nimmt. Aber Gott möchte, daß ich diese Gelegenheit nutze, um meine Frau zu ermutigen. Wenn ich nicht wirklich den Wunsch habe, meiner Frau Gutes zu tun, und mich nicht entsprechend verhalte, dann habe ich Gottes Gericht verdient.«

Drei mögliche Reaktionen

Wenn der Mann so denken würde, dann gäbe es für ihn drei Reaktionen. Er könnte aufgebracht darüber sein, daß Gott von ihm verlangt, freundlich zu seiner Frau zu sein, wo er doch schon sein Soll an guten Taten erfüllt hat. »Es ist nicht fair, daß ich gerade *jetzt* auf sie Rücksicht nehmen soll. Jetzt wäre *ich* eigentlich mal dran, und *sie* sollte freundlich zu mir sein.« Dann könnte er sie mit dem Einkaufswagen weiterschubsen. Der Apostel Paulus kann davon sprechen, daß das Gesetz unsere sündigen Leidenschaften erregt (Römer 7,5).

Zweitens könnte er sich vornehmen, sich zu bessern. Statt zuzugeben, daß er schlichtweg nicht fähig ist, seine Frau in diesem Moment so vollkommen zu lieben, wie Gott es fordert, beschließt er, sie zumindest gut zu behandeln. Aber wenn er erkennt, wie hoch der Maßstab Gottes ist, dann gerät er in Verzweiflung: Er soll in perfekter Liebe mit seiner Frau umgehen, mit einem bereitwilligen Herzen, das ganz von der Liebe zu ihr bestimmt ist. Aber er hat seinen guten Vorsatz schon gebrochen, als sein egoistisches Herz einen Moment lang zornig wurde, weil ihm etwas nicht gefiel. Die einzige Möglichkeit, seine Vorsätze in die Tat umzusetzen, ist, den Maßstab Gottes herunterzuschrauben, so daß er ihn erfüllen kann. Und wenn ihm das gelingt, wird er stolz.

Es gibt noch eine dritte Möglichkeit: Er könnte zugeben, daß er nicht fähig ist, das Richtige zu tun, sich schämen, daß er versucht hat, eine unfreundliche Reaktion gegenüber seiner Frau zu rechtfertigen, und um Gnade flehen. Dies ist der einzige Weg, auf dem der Mann zu einem Menschen werden kann, der das Wohl des anderen an die erste Stelle setzt. Gott gibt uns seine Maßstäbe nicht in erster Linie, um uns zu zeigen, wie wir leben sollen, sondern um uns davon zu überzeugen, daß wir es nicht können. Wir sind einfach nicht gut genug. Und wir sind nicht nur schwach, sondern egoistisch, mehr an uns selbst interessiert als an anderen. Die dritte Reaktion gibt dem Mann die Chance, die verändernde Gnade Gottes zu erleben und mit kleinen Schritten zu versuchen, mit seiner Frau richtig umzugehen.

Wir können vor Gott stehen mit all unseren Entschuldigungen, und er wird uns das Urteil sprechen, obwohl er die Entschuldigungen versteht. Diese Szene müssen wir uns gut einprägen, sie untermauern durch das, was Gott in seinem Wort über die Sünde sagt, und uns von Freunden und unserem Partner zeigen lassen, wo wir selbstsüchtig handeln. Wir müssen über diese selbstsüchtigen Gedanken und Gefühle sowie über unsere Ausreden nachdenken.

Je mehr wir erkennen, daß unser Verhalten, auch als reife Christen, nie so vollkommen sein wird, daß wir dem Zorn Gottes entgehen, um so eher werden die Ausreden für unsere Sünden hinfällig und brechen unter der Last der Furcht zusammen. Dann geraten wir in eine Verzweiflung, aus der uns nur die Güte Gottes befreien kann.

Veränderung baut auf Hoffnung auf

Es mag eigenartig klingen, aber wenn wir auf das Gesetz Gottes hören, erkennen wir die Güte Gottes.

Vor mehr als zweihundert Jahren schrieb Jonathan Edwards einen ähnlichen Gedanken nieder:

»Sieh zu, daß du erkennst, wie schlimm es um dich steht und daß du dir selbst nicht helfen kannst; ja, daß du nicht einmal die Hilfe Gottes verdient hast, daß es vollkommen gerecht wäre, wenn er sich weigern würde, dir überhaupt jemals zu helfen. Wenn du dahin gelangt bist, dann bist du für den Trost bereit. Wenn Menschen so demütig sind, dann tröstet Gott sie sehr bald.«[1]

Wenn wir aufhören, Ausreden für unsere Sünden zu erfinden, dann ist uns zwar bewußt geworden, was unser größtes Bedürfnis ist — nämlich die Vergebung —, aber dies allein zieht uns nicht zu Gott hin. Wenn es nur dabei bleibt, sind wir in einer ausweglosen Situation.

Aber wenn wir verstehen, wie sehr wir das Gericht Gottes verdient haben, erkennen wir auch, warum Gott sein Urteil nicht gleich vollstreckt. Das Gesetz Gottes ist Ausdruck seines Wesens. Gott sind unsere Sünden also niemals gleichgültig.

Wenn er sein Urteil nicht gleich vollstreckt, dann nur, weil er so geduldig mit uns ist. Er möchte nicht, daß wir verloren gehen, sondern umkehren zu ihm (2. Petrus 3,9).

Für Christen, die auf die Rettung Jesu Christi vertrauen, ist es demütigend, erkennen zu müssen, daß Gottes Geduld es uns möglich macht, unsere Sünde genauer zu verstehen und zu einer aufrichtigeren Buße und tieferen Freude zu gelangen.

Nehmen wir zum Beispiel den Ehemann, der mit seiner Frau vor dem Gewürzregal stand. Dieser Mann war seit mehr als fünfunddreißig Jahren Christ. Ich weiß das so genau, weil ich selbst dieser Mann bin.

Zuerst werde ich damit konfrontiert, daß mein Herz weiterhin sündhaft ist, und erkenne, daß mir als einzige Hoffnung die Vergebung bleibt. Ich weiß aber, daß dort, wo die Sünde mächtig geworden ist, die Gnade noch viel mächtiger wirkt. Dann kann ich spüren, wie der Geist Gottes mich dazu einlädt, mit meiner Frau Rachael behutsam umzugehen. Mein Entschluß, mich richtig zu verhalten, wird begleitet von der brennenden Liebe zu meiner Frau. Der Gehorsam ist deshalb nichts Mechanisches mehr, sondern ein Weg, den ich gern und bewußt einschlage.

Es kann vielleicht Jahre dauern, aber stelle ich mich den Forderungen Gottes, wenn die Ausreden für mein selbstzentriertes Leben hinfällig werden und ich die Notwendigkeit der Vergebung erkenne, dann ist eine echte Veränderung möglich.

Niemand geht gerne dorthin, wo er verurteilt wird. Vor dem Richter erscheinen zu müssen, weil wir mit dem Auto in eine Radarfalle geraten sind, ist selten angenehm. Aber wenn wir erst einmal verurteilt sind, dann sehnen wir uns auch nach Vergebung. Sobald wir Gottes Urteilsspruch in seinem ganzen Ausmaß erfaßt haben, wird unsere Sehnsucht nach Vergebung zu einem brennenden Verlangen, das stärker ist als der Wunsch nach Vergnügen, Ruhm oder menschlicher Gesellschaft. Für jemanden, der in einem brennenden Haus gefangen ist, gibt es nichts Wichtigeres, als hinauszukommen.

Das Geheimnis liegt natürlich darin, daß Gott uns sowohl vollkommen verdammt, als auch vollkommen vergibt. Gott ist ein heiliger und ein liebender Gott zugleich. Aber wir können seine Liebe erst erfahren, wenn wir an seiner Heiligkeit zerbrochen sind. Je mehr uns bewußt wird, wie selbstsüchtig wir sind, um so wichtiger und wunderbarer wird seine Vergebung für uns.

Hochmütige Menschen merken nicht, daß das Urteil über sie gesprochen ist. Sie rechnen mit Komplimenten und erfahren darum nie etwas von der vergebenden Gnade Gottes. Demütige Menschen jedoch erleben das Wunder, daß Gott, der unbestechliche Richter, in seiner Liebe einen Weg gefunden hat, um ihnen zu vergeben und die Beziehung zwischen sich und ihnen wiederherzustellen.

Wenn wir in unserer Sünde Gott in seiner Gnade begegnen, dann können wir wirklich verändert werden. Und der Prozeß der Veränderung geht weiter, wenn wir Gott immer wieder neu begegnen und seine Vergebung immer tiefer erfahren, und zwar nicht, indem wir mehr sündigen, sondern indem wir unsere Sünde besser erkennen.

Wenn wir uns nach Vergebung mehr sehnen als nach irgend etwas anderem, dann lernen wir sie als Grundlage unseres Lebens schätzen. Seine Gnade, nicht unsere Anstrengungen, bedeuten uns alles. Und wenn wir Gottes Gnade schätzen gelernt haben, verändern wir uns auch: von selbstzentrierten Menschen, die verbissen versuchen, ihren Schmerz zu lindern, zu Menschen, die andere an die erste Stelle setzen und Gottes Vergebung dadurch würdigen, daß sie ihn besser kennenlernen und andere mit ihm bekanntmachen möchten. Für Christen, die glauben, daß Gott alle belohnt, die ihn von Herzen suchen, ist Veränderung nicht nur möglich, sie ist ihnen sogar verheißen.

Vieles kann zu einer Veränderung beitragen: sich das Selbstmitleid einzugestehen und verantwortlich zu handeln, kann Depressionen lindern; Kontrollmechanismen einzurichten, kann Eßzwänge überwinden helfen; sich selbst gut zuzureden, kann uns beruhigen. Aber nur *eine* Kraft kann uns wirklich radikal verändern und aus uns Menschen machen, die Christus ähnlich sind und andere Menschen an die erste Stelle setzen: die Kraft der Vergebung.

Kapitel 6

Die Vergebung schätzen lernen

Als ich mir die ersten Gedanken über die Gliederung dieses Buchs machte, wollte ich das Thema »Mann und Frau« an den Anfang stellen. Ich las verschiedenes darüber und war von Anfang an intuitiv der Überzeugung, daß die Unterschiede zwischen Mann und Frau sehr tief liegen und daß Partner in einer guten Ehe diesen Reichtum ausschöpfen können.

Ich las sowohl Bücher von Autoren mit einer traditionellen Einstellung als auch solche von Vertretern der Gleichberechtigung. Als ich beide Auffassungen besser kennenlernte, stellte ich besorgt fest, daß kein Autor in angemessener Weise mit dem schwerwiegenden und tief verwurzelten Problem der Selbstzentriertheit fertig wurde. Das aber ist für die zwischenmenschliche Beziehung ein viel größeres Hindernis als das Rollendenken oder die Befreiung vom Rollendenken.

Vertretern des traditionellen Lagers wird oft vorgeworfen, sie befürworteten eine Art militärischer Ordnung in der Ehe, bei der gehorsame Frauen alles tun, was ihre entscheidungsfreudigen Männer ihnen sagen. Ich wollte kein Buch schreiben, das Männer und Frauen dazu auffordert, sich in klar abgegrenzte Rollen zu fügen und nicht daran zu denken, daß sie in aller Freiheit das werden können, wozu Gott sie geschaffen hat, und sich dann von Herzen weiterzuverschenken.

Es ist nur allzu einfach, in einer Beziehung die Ordnung aufrechtzuerhalten. Das geht jedoch auf Kosten der Liebe. Eine bestimmte Ordnung ist in allen Dingen gut und notwendig, auch in der Ehe, aber die biblische Ordnung fördert die Freude aneinander und tötet sie nicht ab. Diese Freude wird vertieft, wenn wir uns selbst für den anderen hingeben.

Darum wollte ich sehr vorsichtig sein und keiner Rollenverteilung das Wort reden, bei der die Anpassung an eine Norm wichtiger ist als die Möglichkeit, die Liebe zum anderen auf einzigartige Weise auszudrücken.

Aber auch mit der Alternative, die von den Vertretern der Gleichberechtigung vorgeschlagen wird, hatte ich meine Probleme. Ich konnte dem Kern ihrer Aussagen (wenn auch nicht immer ihrem Ton) zustimmen. Auch ich war der Ansicht, daß die männliche Vorherrschaft und die weibliche Unterwürfigkeit eine Verfälschung der biblischen Botschaft darstellen. Was mich aber irritierte, war die Auffassung von Freiheit, die mir in vielen dieser Bücher begegnete. (Donald Bloesch faßt ihren Standpunkt gut zusammen. Er sagt, die feministische Theologie gehe davon aus, daß »Gott Männer wie Frauen dazu befähigt, ihr ganzen Möglichkeiten als Söhne und Töchter eines neuen Zeitalters zu verwirklichen, in dem geschlechtliche Unterschiede für geistliche Führungsämter kein Hindernis mehr darstellen.« Die feministische Theologie, so schreibt Bloesch weiter, nimmt »die neue Welle der demokratischen Gleichberechtigung auf, die jede Hierarchie in den zwischenmenschlichen Beziehungen beseitigen will.« Donald Bloesch, *Freedom for Obedience*. San Francisco: Harper & Row, 1987, S.266-267.)

Christliche Feministinnen sind von Anfang an voreingenommen gegenüber jeder Autorität. Sie lehnen jegliche Form von Hierarchie in zwischenmenschlichen Beziehungen ab, statt sich allein gegen deren Mißbrauch zu wenden. Für sie ist die Vorstellung, der Mann habe Autorität über die Frau, entwürdigend, weil Mann und Frau gleichwertig und gleichberechtigte Menschen vor Gott sind. Es kommt vielmehr darauf an, sich der eigenen Würde mehr bewußt zu werden und sie stärker zum Ausdruck zu bringen. Eine Ehe zwischen zwei gleichberechtigten Partnern sei auf dem Fundament gegenseitiger Anerkennung und der Rücksicht auf die Würde des anderen aufgebaut.

Bei der egalitären Vorstellung von Freiheit geht es nicht mehr so sehr darum, ein Leben nach dem Plan Gottes zu führen, als die persönlichen Möglichkeiten zu verwirklichen. Der Unterschied zwischen diesen beiden Auffassungen von Freiheit ist sehr groß. Die erste kämpft direkt gegen den Egoismus, letztere betrachtet ihn als zweitrangiges Problem.

Den Verfechtern des Gleichheitsprinzips geht es in erster Linie um die Würde gleichberechtigter Personen. Wenn man Freiheit als Verwirklichung der menschlichen Möglichkeiten definiert, dann muß Gott uns nur noch dabei helfen, unsere persönlichen Grenzen zu überwinden und unser Menschsein mehr zu genießen. Daß er der souveräne Herr und der gnädige Erlöser ist, wird zu einer vagen Vorstellung, die zwar vielleicht noch als Grundlage dient, aber für unsere momentanen dringendsten Bedürfnisse keine große Bedeutung mehr besitzt.

Ganz persönlich empfand ich die Vorstellung von der Ehe als Partnerschaft zwischen Gleichberechtigten als viel weniger überzeugend. Natürlich ist meine Frau Rachael eine gleichwertige Person, aber, was noch wichtiger ist, sie ist auch ganz wunderbar anders. Wenn wir lernen, unser Anderssein zum Ausdruck zu bringen, und dabei das Wohl des anderen im Blick haben, dann ist das eine viel liebevollere Perspektive, als wenn wir nur unsere Gleichberechtigung durchsetzen wollen.

Weder der traditionalistische noch der egalitäre Ansatz wird mit dem zentralen Problem der Selbstzentriertheit in der Ehe fertig. Egal, ob ich mich nur in meine Rolle füge oder ob ich meine Rechte durchsetzen will — beide Male kann es geschehen, daß ich nur mein eigenes Wohlergehen suche. Wenn wir diese beiden Ansätze vorschnell für die beste Lösung unserer Beziehungsprobleme halten, werden wir es nicht zu schätzen wissen, daß Gott uns unseren Egoismus vergeben und uns zu Menschen machen will, die sich verschenken.

Die Selbstzentriertheit durchdringt alles

Begreife ich auch nur ansatzweise, wie subtil und unerbittlich ich selbst in beiläufigen Gesprächen für mein eigenes Wohl sorge, dann kann ich es nicht fassen, daß Gott mir gebietet, meine Kräfte für das Wohl eines anderen Menschen einzusetzen. Das würde eine umwälzende Veränderung meines ganzen Wesens bedeuten. Und wenn ich versuche, sein Gebot vollkommen zu erfüllen, so ist das, als ob ein Gelähmter versuchen würde aufzustehen.

Denke ich darüber nach, was Gott von mir verlangt, muß ich sofort kapitulieren. Ich bin einfach nicht gut genug, um seine Maßstäbe zu erfüllen. Gott um mehr Möglichkeiten zur Selbstverwirklichung zu bitten, wäre absolut unangemessen. Zuallererst brauche ich seine Vergebung und dann seine Hilfe zum Gehorsam.

Alles Nachdenken über das Verhältnis von Mann und Frau muß mit der Frage beginnen, ob wir uns unserer Selbstzentriertheit bewußt sind und ob wir die Vergebung Christi als das Zentralste und Wichtigste in unserem Leben *erfahren*. Die Dankbarkeit für seine immer neue Vergebung ist der Boden, auf dem der Wunsch, nach seinem Willen zu leben, wachsen und gedeihen kann.

Viele Wahrheiten des christlichen Glaubens können uns mit Staunen und Dankbarkeit erfüllen. Aber nichts darf uns jemals wichtiger werden als der Dank für unsere Erlösung.

So zu leben, daß wir zuallererst das Wohl des anderen im Blick haben, ist der wichtigste Baustein für eine gute Ehe. Diese Lebenshaltung kann aber erst dann entstehen, wenn für Mann und Frau die Vergebung das Notwendigste im Leben ist. Diesen zentralen Gedanken möchte ich nun näher ausführen, indem ich zuerst beschreibe, was eine gute Beziehung ist, und dann, was ich darunter verstehe, die Vergebung Gottes schätzen zu lernen.

Eine gute Beziehung

Die meisten Menschen haben das unbestimmte Gefühl, daß *Dinge* uns letztlich nicht glücklich machen. Aus Erfahrung wissen wir, daß die guten Gefühle, die ein neues Kleid, eine aufregende Reise, ein Haus am Strand oder ein gutes Essen in einem vornehmen Lokal uns bereiten, weder besonders tief gehen noch von großer Dauer sind.

Wahres Glück gibt es nur in einer persönlichen Beziehung. Das wissen wir alle irgendwie. Aber wenn wir nie durch eine andere Person wirkliche Freude erfahren haben, dann werden wir von guten Gefühlen abhängig und werden zu Sklaven oberflächlicher Vergnügen.

Für viel zu viele Menschen bringen gerade die Beziehungen zu anderen Menschen das meiste Leid mit sich, obwohl sie uns eigentlich am glücklichsten machen sollten. Spannungen mit den Eltern, Frustrationen wegen der Kinder und eine Distanz zum Ehepartner aus Verbitterung lassen uns manchmal dem oberflächlichen Vergnügen den Vorzug geben.

Weil familiäre Beziehungen manchmal mehr Schmerz als Befriedigung bringen, suchen viele Menschen jemanden außerhalb ihrer Familie, bei dem sie sich wohlfühlen. Einsame Frauen führen lange Gespräche mit einer engen Freundin. Frustrierte Ehemänner gehen mit einem guten Kumpel zum Sport, und oft entstehen ernste Beziehungen zu einer Person des anderen Geschlechts. Wir möchten uns mit jemandem verbunden fühlen, uns mit jemandem austauschen, der uns versteht und annimmt, bei dem wir uns entspannen können. Es tut uns so gut, in der Gegenwart eines anderen wir selbst sein zu können.

Und wenn wir mit dieser Person zusammen sind, dann ist es ganz natürlich, daß wir diese Beziehung für gut halten. Aber sehen wir uns doch einmal an, wie dieses Wörtchen gut dabei definiert wird: eine gute Beziehung gibt uns all das, was wir brauchen, um uns glücklich zu fühlen. Wenn es nach dieser Definition ginge, dann könnte ein glücklich verheiratetes Paar seine Beziehung aus denselben Gründen für gut halten wie ein Paar, das im Ehebruch lebt. In beiden Situationen fühlen sich Menschen in der Gegenwart eines anderen gut.

Aber eine gute Beziehung so zu definieren, daß diese Bezeichnung sowohl von treuen Ehepartnern als auch von Menschen, die in einer unmoralischen Beziehung leben, in Anspruch genommen werden kann, muß doch eindeutig falsch sein.

Unser Verständnis von einer guten Ehe stützt sich auf die falschen Fakten. Paare zu finden, die glücklich zu sein scheinen, und dann an ihnen die Elemente einer guten Beziehung herauszuarbeiten, ist riskant. Eine gefallene Welt voll irregeführter Menschen, die sich aus falschen Gründen gut fühlen, ist nicht der Ort, wo wir gute Beziehungen untersuchen können. Genausogut könnten wir ethische Prinzipien aus dem Paarungsverhalten von Tieren ableiten.

Das einzige Beispiel für eine perfekte Beziehung

Wenn wir wissen wollen, was eine gute Beziehung ist, dann müssen wir uns das einzige Beispiel für eine perfekte Beziehung ansehen: Gott. Wir können uns fragen, warum die drei Personen der Gottheit so gut miteinander auskommen. Vermutlich streiten sie nie miteinander. Wir lesen auch nirgends, daß der Heilige Geist eifersüchtig wird, weil der Sohn eine Vorrangstellung hat.

Wären sie Menschen wie wir, dann hätten sie sicher irgendwann einen Konflikt auszutragen gehabt. Manche Paare überstehen noch nicht einmal ihre erste Nacht ohne Streit.

Die Beziehung der drei göttlichen Personen zueinander ist also ganz anders als unsere menschlichen Beziehungen. Sie sind so eng miteinander verbunden, daß man Gott den Vater, Gott den Sohn und Gott den Heiligen Geist in einer sehr tiefen und geheimnisvollen Weise als eine Person betrachten kann.

Aber was hat ihre göttliche Beziehung damit zu tun, was für uns Sterbliche eine gute Beziehung sein soll?

Bevor Jesus Christus ans Kreuz ging, sprach er über die Nähe zu seinem Vater. Vielleicht dachte er dabei daran, wie Jakobus und Johannes sich um eine Vorrangstellung unter den zwölf Jüngern bemüht hatten oder wie Petrus ihm geschworen hatte, er werde treuer zu ihm halten als alle anderen, wenn es ernst würde. Er blickte nach oben und sagte voller Freude und Verlangen: »Ich bete für die, die ... an mich glauben werden, damit sie alle eins seien, wie du, Vater, in mir bist und ich in dir« (Johannes 17,20-21).

In diesem Gebet gab Jesus uns einen Maßstab für eine gute Beziehung. Der Theologe D. Broughton Knox drückte es einmal so aus: »Die Lehre der Dreieinigkeit zeigt uns, daß die höchste Realität eine persönliche Beziehung ist« ... und daß »eine wahre Beziehung sich darin erweist, daß jeder auf den anderen ausgerichtet ist.«[1]

Sehen wir uns ein paar Beispiele dafür an, wie die Beziehung der Dreieinigkeit gestaltet ist. Der Vater liebt den Sohn (Johannes 3,35). Er zeigt ihm alles, was er tut (Johannes 5,20). Der Sohn wiederum tut nur das, was dem Vater gefällt (Johannes 8,29), und dieser Gehorsam gründet sich auf seine Liebe zum Vater (Johannes 14,31). Der Heilige Geist stellt sich ganz in den Dienst der beiden anderen Personen. Er spricht nicht über sich selbst, sondern zeigt den Gläubigen alles, was vom Sohn kommt. Er verherrlicht Christus (Johannes 16,13-14).[2]

Wenn wir statt von unseren eigenen Erfahrungen von der Beziehung von Gott *Vater*, Gott *Sohn* und Gott *Heiliger Geist* untereinander ausgehen, dann können wir am ehesten definieren, was eine gute Beziehung ist. In einer guten Beziehung gibt jede Person alles, was sie hat, freiwillig und aktiv für das Wohl der anderen Person. Wenn eine Entscheidung zu treffen ist, so denkt die betreffende Person zuallererst in der Gegenwart Gottes darüber nach, womit sie dem anderen den größten Dienst erweisen könnte.

Bei dieser Definition von *gut* liegt der Schwerpunkt da, wo er hingehört, nämlich auf dem Geben des Selbst statt auf der Verwirklichung des Selbst oder seiner Anpassung an irgendwelche Normen.

Diese Auffassung von einer guten Beziehung kann auch solchen Christen Trost und Hoffnung geben, die mit schwierigen Ehepartnern verheiratet sind. Wenn zum Beispiel ein Mann beginnt, seine ständig gereizte Frau aktiv zu lieben, dann können wir mit gutem Recht sagen, daß seine Beziehung zu ihr (oder die Art seines Umgangs mit ihr) gut ist, auch wenn sie ihm gegenüber gleichgültig bleibt oder sich noch weiter verhärtet.

Ihre Beziehung zu ihm ist natürlich schlecht, und auch die Beziehung der beiden zueinander können wir nicht gut nennen. Aber der Ehemann erlebt sowohl Freude, weil er treu geblieben ist, als auch Trauer, weil er kalte Ablehnung erfährt, die Trauer, die auch Jesus in jedem Augenblick empfindet. Dies ist ein Beispiel für das Teilhaben am Leiden Christi, eine willkommene Gelegenheit für jeden, der sagen kann: »Ich möchte Christus erkennen« (Philipper 3,10).

Eine gute Beziehung zu anderen, die wir nach dem Vorbild der Beziehung der Dreieinigkeit als Ausgerichtetsein auf den anderen definieren, ist der Kernpunkt des christlichen Lebens. Wenn wir die Bibel so lesen, daß Gott zu uns sprechen kann, dann wird sich dies auch auf unsere Beziehungen auswirken. Wenn nicht, dann häufen wir nur Wissen an, das uns aufbläht.

Was immer wir über die Unterschiede von Mann und Frau und die Gestaltung ihrer Beziehung zu sagen haben, im Mittelpunkt muß für die beiden Partner der von Liebe getragene Entschluß stehen, für den anderen das zu tun, was Gott für einen selbst getan hat. *Das* ist das Kennzeichen einer guten Beziehung.

Die Vergebung schätzen lernen

Will ich lernen, nach Gottes Willen zu leben, dann muß ich etwas gegen meinen Hang unternehmen, mehr an mich als an andere zu denken. Wie oben bereits erwähnt, kann der unveränderliche Maßstab Gottes meine Selbstzentriertheit als falsches Verhalten aufdecken. Aber nur die Freude über die Güte Gottes führt mich dazu, das Verhalten zu bereuen, und ermöglicht eine wirkliche Veränderung. In einem nächsten Schritt soll es darum gehen, wie die Freude über die Güte Gottes zur Grundlage dafür werden kann, immer mehr von unserer Selbstzentriertheit weg zu kommen, hin zu einer Haltung, die unseren Partner immer mehr an die erste Stelle setzt.

Bis hierher ist deutlich geworden, daß die Selbstzentriertheit nicht bloß ein kleiner Ausrutscher ist, der leicht korrigiert werden kann. Soll aus einem Menschen, der sich selbst für das Wichtigste hält, ein Mensch werden, der anderen den Vortritt läßt, dann geschieht das weder automatisch, noch schaffen wir es aus eigener Anstrengung. Wenn ich in einen Menschen verwandelt werden soll, der sein Leben immer stärker als Möglichkeit zum Dienen sieht, dann muß die Gnade Gottes mich so stark und tief treffen, daß sie meine Selbstzentriertheit aufsprengt und in mir ein echtes Interesse an anderen weckt.

Aber oft bewegen uns unbedeutende Dinge viel mehr als die Gnade Gottes.

Ein Beispiel soll dies verdeutlichen. Ich schrieb den größten Teil dieses Buchs während eines längeren Englandaufenthaltes. In dieser Zeit sahen Rachael und ich uns mehrere Theateraufführungen in London an. Dabei lachten und weinten wir, waren gespannt, traurig oder zornig. Wie so oft, wenn wir uns gut unterhalten hatten, waren wir erstaunt, wie eine von Menschen erdachte Geschichte oder ein gut gespieltes Musikstück uns tiefer bewegen können als die Geschichte Gottes nit den Menschen.

Oft entgeht uns die atemberaubende Realität der Bibel. Die Wahrheit dieses »Schauspiels« sollte uns doch in größeres Staunen versetzen als der überraschendste Schluß eines Agatha-Christie-Krimis.

Wenn dies aber nicht so ist, wenn die Selbstzentriertheit sich bei uns ungestört eingenistet hat, dann bleibt bei all unseren Bemühungen, gut zueinander zu sein, die Heuchelei nicht aus, und unser Handeln ist von einem Pflichtgefühl motiviert statt von dem brennenden Wunsch, den anderen mehr zu lieben. Wir mögen uns zwar wünschen, daß das Evangelium uns mehr berührt, müssen aber zugeben, daß ein gutes Theaterstück uns tiefer aufwühlt als eine gute Predigt.

Aber das Evangelium, die Botschaft der Vergebung, ist es mehr als alles andere wert, daß wir sie schätzen. Wie ein gutes Theaterstück erzählt uns die Bibel eine Geschichte, eine wahre Geschichte, deren Ende uns völlig überrascht. Und so wie in den besten Kriminalromanen, wenn die verblüffende Lösung präsentiert wird, läßt auch der Ausgang der biblischen Geschichte uns noch lange staunen und begeistert sein.

Das *Schauspiel* Bibel beginnt damit, daß Gott als ein liebevoller Schöpfer auftritt, der eine gütige und persönliche Beziehung zu dem Mann und der Frau aufbaut, die er erschaffen hat. Aber in einem bösen und gedankenlosen Augenblick wenden sich der Mann und die Frau von Gott ab und folgen jemandem, der sie betrügt und nur an sich selbst denkt.

Von nun an beschreibt die Geschichte, wie unfaßbar dumm diese Auflehnung gegen Gott war. Sie erzählt von all dem Elend und den Problemen, die dieser Entschluß für das Leben des Mannes und der Frau, aber auch für das Leben ihrer Nachkommen mit sich bringt, die dem schlechten Vorbild ihrer Vorfahren beharrlich folgen.

Immer wieder ruft Gott sie zu sich zurück, aber sie bleiben

nie lange bei ihm. Die Erzählung macht deutlich, daß Gott kein nachsichtiger Großvater ist, der über das schlechte Verhalten seiner Enkel nur geduldig seufzt. Er ist vielmehr ein heiliger Richter, der im Vergehen seines Volkes ein schweres Verbrechen sieht, das nur mit dem Tode bestraft werden kann.

Kein Zweifel, Gott wird die Geschichte dieser Welt beenden, indem er seine Geschöpfe in die tiefste Finsternis hinausstößt, wo sie mit ihrem schrecklichen Herrn zusammen sein können und wo der Egoismus alles bestimmt. Aber gerade als der Schuldspruch der Geschworenen bestätigt und das Strafausmaß verkündet werden soll, unterbricht der Richter die Verhandlung. Sein grimmiger Blick verwandelt sich in ein Lächeln. Und jetzt kommt die große Überraschung.

»Ich vergebe dir«, erklärt er. »Mein Sohn hat mit seinem Blut für alles bezahlt, was du falsch gemacht hast, und mehr als das: Sein Tod hat sogar die Vergebung erwirkt für deine angeborene Wesensart, Unrecht zu tun. Dir ist vollkommen vergeben. Willkommen in der Gemeinschaft mit mir, für die du immer bestimmt warst, die du aber nie finden konntest. Du brauchst nur noch zugeben, daß du Unrecht getan hast, dein Vertrauen auf das Blut meines Sohnes setzen und meine Einladung annehmen, um mich besser kennenzulernen. Alles andere liegt bei mir.«

Das ist die Geschichte. Und wenn ein Sünder versteht, was da passiert ist, dann ist er einfach überwältigt. Daß uns vergeben wird, ist etwas vollkommen Unerwartetes.

Ich frage mich, ob wir die Geschichte unserer Erlösung für banal halten, weil wir uns von dem Problem unserer Selbstzentriertheit so schnell wieder abwenden und uns anderen Fragen widmen, die uns gerade wegen unserer Selbstzentriertheit viel wichtiger vorkommen.

Kann es sein, daß die Motivation, mit der wir biblische Texte studieren, um uns eine Meinung über die Ehe zu bilden, mehr von unserem Egoismus getragen wird als von einem ehrlichen Fragen nach Gott? Merken wir denn nicht, daß die Begeisterung, mit der wir das vortragen, was wir für die biblische Lehre halten, mehr unseren persönlichen Vorurteilen entspringt als der Führung des Heiligen Geistes?

Wenn wir unsere Selbstzentriertheit nicht mehr sehen, dann halten wir die Vergebung für eine aufmerksame Geste Gottes, so wie der Zeitungsausträger die Zeitung an einem Regentag ganz in den Briefkasten steckt, damit sie nicht naß wird. Wir sind erfreut und belohnen ihn am nächsten Tag mit einem Trinkgeld.

Wir nehmen unsere Verletzungen stärker wahr als unsere Sünde. Darum reagieren wir viel lieber auf das, was uns Heilung verspricht, als auf unsere Erlösung.

Wie falsch liegen wir doch, wenn wir unsere Energie darauf verschwenden, heil zu werden! Die Geschichte ist voller Beispiele von gläubigen Männern und Frauen, die anderen zum Segen wurden, obwohl sie in ungelösten persönlichen Problemen steckten, aus denen sie kaum unbeschadet herausfanden.

Alles, was wir tun, läuft nach persönlichen Rastern ab. Diese sind geprägt von unserem Entschluß, in einer Welt, die uns verletzt und beleidigt, zu überleben. Heiligung bedeutet, von diesen Rastern abzurücken, die immer nur unser eigenes Heilwerden zum Ziel haben, und Gott nachzufolgen, und zwar nicht, um selbst heil zu werden, sondern um ihn zu verherrlichen. Dabei können wir darauf vertrauen, daß er auch die Sehnsucht in unserem Herzen ganz stillt.

Wenn wir in der Heiligung vorankommen wollen, müssen wir den Blick für unsere Selbstzentriertheit schärfen. Dann wird es uns wichtiger, Gott für seine Vergebung dankbar zu sein, als andere von unseren Meinungen zu überzeugen. Wenn die Frage nach der Stellung der Frau in Familie und Gemeinde nicht nur Verwirrung stiftet, sondern sogar zu Spaltungen führt, wenn der Eifer, mit dem wir unsere Meinung verteidigen, eher den anderen überreden will, als ihm zum Segen zu werden, dann wird es Zeit, von unseren Argumenten weg auf die Motive zu sehen, die dahinterliegen. Dann werden wir egoistische Raster entdecken, die uns die Vergebung als weniger wichtig für unser Seelenheil erscheinen lassen als das Erreichen eines bestimmten Zieles.

Natürlich ist es nicht falsch, unser möglichstes zu tun, um mit Depressionen und Selbstzweifeln fertigzuwerden, aber es ist falsch, unsere persönliche Heilung für wichtiger zu halten als die Freude an der Vergebung Gottes und den Dienst an anderen Menschen. Wir existieren für Gott und nicht umgekehrt. Wir müssen uns auf das Zentrum des Evangeliums besinnen.

Wenn das Evangelium mit der Botschaft vom Gericht beginnt (siehe Römer 1,1-3,20), dann ist die Mitte des Evangeliums das Wunder der Vergebung. Wenn wir die Sünde erkennen und uns an das Evangelium klammern, dann lernen wir die Vergebung schätzen. Wir brauchen uns nicht künstlich in eine frohe Stimmung zu versetzen. Selbst wenn wir durch ungewisse und leidvolle Zeiten gehen und uns eher zum Weinen oder Dreinschlagen zumute ist als zum Singen — solche Zeiten kommen oft auf dem Weg zur geistlichen Reife —, dann können wir immer noch an der Vergebung festhalten.

Wenn wir uns an der Vergebung freuen, manchmal singend und manchmal auch nur in dem Wissen um ihre zentrale Bedeutung für unser Leben, dann werden wir zu Menschen, die zuerst das Wohl des anderen im Blick haben. Das ist das Wirken des Heiligen Geistes. Wenn entgegen unserer natürlichen Neigungen die Gewißheit in uns wächst, daß unser Egoismus ein größeres Hindernis für die Freude ist als die erlittenen Kränkungen, dann haben wir die Chance, die nur uns selbst dienenden Verhaltensweisen aufzugeben und ein Leben zu beginnen, in dem das Wohl der anderen an erster Stelle steht. Das Zentrum des Evangeliums ist auch das Zentrum allen Wachstums, bei dem wir Christus ähnlicher werden.

Obwohl es nicht der Zweck dieses Buches ist, möchte ich doch darauf hinweisen, daß das Evangelium von Christus natürlich mehr beinhaltet als nur die Botschaft von der Vergebung. Wenn Gott einem Sünder vergibt, dann nimmt er ihn in eine Gemeinschaft auf, die ihm reichen Segen schenkt: die Verbindung mit Christus; den Heiligen Geist, der in ihm wohnt; die Fürsprache des großen Hohenpriesters; ein neues Herz, das Gott zu gefallen sucht, an seinem Wort Freude hat und sein Volk liebt. Diese Liste könnte man beliebig fortsetzen.

Als wir zum Glauben kamen, wurden wir eine neue Schöpfung und wurden zu Menschen befreit, die als Söhne und Töchter Gottes miteinander in Beziehung treten können, weil Christus in uns lebt, die Hoffnung der Herrlichkeit (Kolosser 1,27). Als unser Herr für die Seinen betete, bat er seinen Vater, alle, die ihm nachfolgen würden, in der Wahrheit zu heiligen (Johannes 17,17). Natürlich umfaßt diese Wahrheit mehr als den zentralen Gedanken der Vergebung.

Die Botschaft der Erlösung, die Vergebung der Sünden (Kolosser 1,14), ist die Grundlage für unsere Beziehung zu Gott, aber sie zeigt uns auch andere Wahrheiten über Gott und unsere Beziehung zu ihm. Und auch diese Wahrheiten müssen wir verstehen, wenn wir in der Heiligung wachsen wollen.

Mit der starken Betonung der Vergebung wollte ich nicht sagen, daß wir außer ihr nichts zu verstehen brauchen, um ein *geheiligtes* Leben zu führen. Vielleicht kann ich meine Gedanken so zusammenfassen: erst das Gesetz, dann die Vergebung und dann der Reichtum Christi, der uns frei macht, unserer Berufung entsprechend zu leben.

Unsere selbstzentrierte Lebensweise ist die eigentliche Ursache für unsere Eheprobleme. Die Lösung besteht darin, ein Leben zu führen, bei dem der Partner an erster Stelle kommt. Zu verstehen, wie sehr wir Vergebung nötig haben, und uns darüber zu freuen, daß Gott sie immer für uns bereit hält, ist der erste Schritt in die richtige Richtung.

Nun können wir uns der nächsten Frage zuwenden: Unterscheiden sich Mann und Frau in der Art, wie sie auf den anderen ausgerichtet leben? Wenn ein Mann seine Frau liebt, wird er sich dann in einer Weise verhalten, die für die Frau unnatürlich wäre, und umgekehrt?

Was sind die Unterschiede zwischen Mann und Frau? Und wie können wir durch die Abkehr vom Egoismus dazu befreit werden, uns an diesen Unterschieden zu freuen? Darum soll es im zweiten Teil des Buches gehen.

Teil II

Wie Beziehungen gelingen:
Ein Unterschied, der Freude macht

Kapitel 7

Eine schwierige Frage

Mike und Debbie sind seit neunzehn Jahren miteinander verheiratet. Mike arbeitet als Automechaniker in einer Werkstatt, Debbie ist Hausfrau. Sie haben zwei Kinder, Todd, 17 Jahre alt, und Amy, 14.

Die Familie geht gerade durch eine sehr schwere Zeit. Mikes Lohn reicht oft nicht aus, und Todd macht ihnen große Sorgen. Vor ein paar Monaten wurde Todd wegen Trunkenheit am Steuer verhaftet. Und nun hat Mike vor ein paar Tagen eine kleine Plastiktüte mit Marihuana unter dem Vordersitz von Todds Wagen entdeckt. Er hat es Debbie nicht erzählt.

Mike spürt, daß Debbie sehr unter den Spannungen in der Familie leidet. Kleinigkeiten, über die sie früher lachte, regen sie jetzt auf – ein Handtuch auf dem Boden, das Licht, das jemand versehentlich brennen ließ, der Postbote, der die Zeitung nicht richtig in den Briefkasten steckt. Das gemeinsame Abendessen, bei dem es früher immer fröhlich zuging, ist nun mit Spannungen überschattet. Gestern abend rannte Debbie sogar weinend vom Tisch weg.

Mike hat Angst, daß Debbie in Depressionen verfallen könnte, und will nicht alles noch schlimmer machen. Er kann nicht vergessen, wie entsetzt sie war, als sie damals von Todds Verhaftung erfuhr. Wenn sie von dem Marihuana wüßte – sie würde daran zugrundegehen. Soll er es ihr sagen? Oder soll er die Last lieber alleine tragen? Was könnte er tun, um Debbie wirklich wieder neuen Mut zu geben? Was braucht sie jetzt, das er ihr geben könnte?

Debbie, die das Haushaltsgeld verwaltet, macht sich Sorgen über ihre finanzielle Lage. Wenn sie Mike erzählt, wie knapp die Finanzen sind, wirft er ihr entweder vor, sie gebe zu viel aus, oder er zieht sich ärgerlich zurück und sagt gar nichts mehr. Seine Verteidigungshaltung verletzt sie und zehrt weiter an ihren Kräften, mit denen sie ihre täglichen Aufgaben bewältigen muß. Sie weiß, wie schwer Mike für seinen Lohn arbeitet, und fühlt sich schuldig, aber sie weiß nicht, was sie tun soll.

Soll sie darauf bestehen, daß Mike sich mit ihr zusammensetzt, damit sie ihm die schwierige finanzielle Situation erklären kann? Oder soll sie lieber still sein und weiterhin ihr Bestes tun, um Mike mit zusätzlichen Belastungen zu verschonen und nicht zum Objekt seiner Frustration zu werden? Was kann sie tun, um Mike bei der Bewältigung seiner Probleme zu helfen, ohne sich dabei bedroht zu fühlen? Was braucht Mike, das Debbie ihm geben könnte?

Das sind die beiden wichtigen Fragen: Was braucht Debbie, das Mike ihr geben könnte? Und was braucht Mike, das Debbie ihm geben könnte?

Um sie beantworten zu können, müssen wir zuerst eine viel grundsätzlichere Frage stellen. Gibt es Unterschiede zwischen Mann und Frau, die Mike und Debbie berücksichtigen sollten, wenn sie eine gute eheliche Beziehung aufbauen wollen? Wir wissen, daß Mann und Frau körperlich verschieden sind. Aber beschränken sich die Unterschiede auf den anatomischen Bereich und sind deshalb für eine Beziehung unbedeutend?

Müssen Mike und Debbie sich lediglich ein paar Prinzipien wie Freundlichkeit, Treue und Sensibilität aneignen? Oder braucht Debbie etwas, was Mike ihr geben kann, weil er ein Mann ist, und was ihr helfen würde, sich an ihrem Leben zu freuen, Geborgenheit zu erfahren, sich zu entspannen und eine warme Weiblichkeit auszustrahlen? Und braucht Mike etwas, das Debbie ihm geben könnte, weil sie eine Frau ist, und das ihm helfen würde, sich geachtet zu fühlen, Selbstvertrauen zu haben, einen inneren Frieden zu verspüren und eine Männlichkeit, die Ruhe ausstrahlt?

Vielleicht sind Mike und Debbie so verschieden, daß dies eine Bereicherung für ihre Beziehung sein könnte!

Gott hat uns mit ganz unterschiedlichen Körpern geschaffen, durch die wir einander erfreuen und neues Leben hervorbringen können. Ist es möglich, daß die geschlechtlichen Unterschiede tiefer gehen als die körperliche Beschaffenheit, daß Mann und Frau auch unterschiedliche Begabungen und Bedürfnisse haben? Brauchen wir für die Gemeinschaft einer persönlichen Beziehung unsere Unterschiedlichkeit genauso wie für die körperliche Gemeinschaft?

Das sind schwierige und umstrittene Fragen. Da dies ein so »heißes« Thema ist, scheint es mir angebracht, zuerst über die Ursachen nachzudenken, die die Temperaturen zum Steigen bringen, bevor ich meine Gedanken weiter entfalte. Wie leicht lehnen wir einen anderen Standpunkt ab, ohne über seine Vorzüge nachgedacht zu haben, oder übernehmen ihn, ohne ihn weiter zu prüfen.

Ich bin der Meinung, daß Mann und Frau sich in ganz wichtigen Punkten unterscheiden und daß diese Unterschiede, wenn man sie versteht und zu schätzen weiß, eine Beziehung sehr bereichern können. Ich glaube außerdem, daß jeder Ehemann, weil er ein Mann ist, genau das hat, wonach seine Frau sich sehnt, und daß umgekehrt jede Ehefrau, weil sie eine Frau ist, genau das hat, wonach ihr Mann sich sehnt. Und wenn jeder der beiden Partner in immer stärkerem Maße auf das Wohl des anderen bedacht ist und ihm das Einzigartige schenkt, das er besitzt, dann kann jene vertrauensvolle Beziehung entstehen, wie Gott sie geplant hat.

Wie haben Sie auf die letzten Abschnitte reagiert? Manche werden den Gedanken vielleicht zustimmen, andere wissen nicht so genau, was sie davon halten sollen, und wieder andere werden völlig anderer Meinung sein. Ihre Reaktion war teilweise von Erfahrungen bestimmt, die Sie gemacht haben, teilweise von Büchern, die Sie gelesen haben, oder von eigenen Überlegungen und genauen Beobachtungen. Aber trotzdem haben Sie ein Vorurteil, eine Neigung, aus persönlich motivierten Gründen dem Gesagten entweder zuzustimmen oder es abzulehnen.

Bevor ich mit meinen Darlegungen fortfahre, möchte ich kurz über unsere Neigung nachdenken, aus persönlichen und manchmal Gründen, die man nicht rechtfertigen kann, einen Standpunkt dem anderen vorzuziehen. Außerdem möchte ich einen Vorschlag machen, wie wir diese Tendenz bei uns möglichst gering halten und so einen fruchtbareren Dialog über unser Thema führen können. Meine These lautet, daß sich unsere Überzeugungen manchmal weniger auf das Studium der Bibel und auf echte Überlegungen stützen und mehr von persönlichen und oft verborgenen Motiven abhängig sind.

Was geschieht zum Beispiel, wenn eine Kirchensynode sich versammelt, um ihre offizielle Position zur Führungsaufgabe des Mannes und zur Unterordnung der Frau festzulegen? In ihrer Diskussion werden mehr Faktoren eine Rolle spielen als die sorgfältige Auslegung von Bibeltexten. Solche Versammlungen enden selten in freundlicher Übereinstimmung, die man sich beim gemeinsamen Bibelstudium erarbeitet hat.

Wenn sich die etwas redegewandteren Mitglieder einig sind, dann wird über das Thema schnell entschieden, weil die zurückhaltenderen Mitglieder um des lieben Friedens willen ihren Standpunkt opfern. Reifere Christen geben manchmal, nachdem sie sich, soweit die Liebe es zuläßt, durchgesetzt haben, an Punkten nach, die ihnen weniger wichtig erscheinen.

Aber was geschieht, wenn ernsthafte Christen, die weder unreif noch ängstlich sind, bei Themen keine Einigung finden, die für beide Seiten sehr wichtig sind? Wie so oft in der Geschichte der christlichen Kirchen kann es dann zu einer Spaltung kommen. Phrasen wie »Einheit in der Vielfalt« helfen kaum weiter, wenn die zur Diskussion stehenden Fragen für die Beteiligten von großer Bedeutung sind. In einer gefallenen Welt, wo selbst die klarsten Denker nur undeutlich sehen können, müssen wir uns manchmal voneinander trennen, um die Überzeugungen anderer zu respektieren.

Doch wenn das geschieht, ist es die Pflicht aller Beteiligten, einander und einer zynischen Umwelt gegenüber ihre freundschaftliche Gesinnung und ihren guten Willen deutlich zu machen. Wer sich aber gern von anderen trennt und das für den Ausdruck seines Festhaltens an der Wahrheit hält, ist ein schlimmer Pharisäer, dessen sündhaftes Verhalten sich auch negativ auf die richtigen Lehren auswirkt, die er verteidigt.

Sich wegen inhaltlicher Fragen zu trennen, mag für die Vertreter unterschiedlicher Anschauungen notwendig sein. Doch bevor man sich diesen Schritt erlaubt, sollte man zuerst über eine andere Frage nachdenken.

Es ist zwar wichtig, den Themen, über die man sich streitet, auf den Grund zu gehen, die biblische Grundlage für jede der Positionen darzulegen, über die verschiedenen Auslegungsmöglichkeiten der umstrittenen Texte zu sprechen und alle fachlichen Hilfsmittel heranzuziehen, die uns zur Verfügung stehen. Es ist auch richtig, die verschiedenen Standpunkte gegeneinander abzuwägen und ihre biblische Grundlage zu prüfen.

Aber es kann auch der Punkt kommen, wo es am biblischsten ist, inhaltliche Fragen einmal beiseite zu lassen und über die persönlichen Gründe nachzudenken, die uns an einer bestimmten Meinung festhalten lassen.

Die Motive prüfen

Natürlich ist es einfacher, die Frage der Motivation aus der Diskussion auszuklammern. Wenn wir sie nämlich stellen, können ganz neue Spannungen auftreten. Über einen Text aus der Bibel zu sprechen, hält uns auf Distanz voneinander, wir kommen nicht direkt mit unseren niederen Beweggründen in Berührung und glauben, daß wir uns noch im Rahmen zivilisierter christlicher Umgangsformen befinden. Dennoch kann es sein, daß unsere selbstzentrierten Raster unseren Umgang miteinander viel mehr bestimmen, als wir es wahrhaben wollen.

Über unsere Motive zu sprechen, kann zumindest vorübergehend zu einem weiteren Aufheizen der Diskussion führen. Es kann zum Beispiel geschehen, daß unsere Denkfaulheit zutage tritt (»Vielleicht halte ich nur deshalb an der traditionellen Auffassung fest, weil ich mich nicht traue, als Frau frei zu leben«) oder unsere Aggression (»Ich glaube, du willst deine Ansichten nur durchsetzen, um zu beweisen, daß es sich lohnt, auf dich zu hören«) oder unsere geheuchelte Bußfertigkeit (»Ich glaube, wir alle wollen nur die Diskussion gewinnen. So ist es zumindest bei mir. Das ist falsch, also werde ich jetzt nichts mehr sagen«).

Über die persönlichen Beweggründe nachzudenken, die uns mehr zu der einen Ansicht tendieren lassen als zur anderen, ist riskant. Die Möglichkeit des Mißbrauchs ist gegeben. Aber vielleicht können wir den Mißbrauch einschränken und den Gewinn dieser Selbstbeobachtung vergrößern, wenn wir uns bewußt machen, daß es nicht in erster Linie darum geht, unsere Motive zu klären, sondern die dahinterliegende Selbstzentriertheit zu erkennen, darüber demütig zu werden und sich im Gebet von Gott abhängig zu wissen. Nur wahre Demut, die uns in der Liebe bleiben läßt, auch wenn wir unsere Positionen entschieden vertreten, und das von Gott abhängige Gebet, in dem Wissen, daß Gott regiert, auch wenn unser Gerechtigkeitsempfinden verletzt ist, bilden einen angemessenen Rahmen für unser Gespräch über umstrittene Themen.

Die evangelikale Welt in den U.S.A. befindet sich mitten in einer hitzigen Debatte über die Verantwortungsbereiche von Mann und Frau in Familie und Gemeinde. Viele verantwortungsbewußte, kompetente und gutinformierte Christen sind der Auffassung, daß zwischen Mann und Frau beachtliche Unterschiede bestehen und daß man diesen Unterschieden am besten dadurch Rechnung trägt, daß der Mann die Führung übernimmt und die Frau sich entsprechend unterordnet. Genauso viele verantwortungsbewußte, kompetente und gutinformierte Christen denken dagegen, daß die Bibel die Gleichheit von Mann und Frau mehr betont als ihre Unterschiede, und sie sehen keine Grundlage für die Zuteilung geschlechtsspezifischer Rollen oder Aufgaben.

Wenn Christen Meinungsverschiedenheiten haben, sollten sie natürlich vor allem die Bibel zu Rate ziehen. Das ist unbestritten. Aber da die Bibel unseren Motiven so große Bedeutung beimißt, ist es ebenso wichtig, uns zu fragen, mit welcher Brille wir die Texte lesen. Wenn ich mir die Literatur zu unserem Thema ansehe, die immer nur wieder eine neue Auslegungsvariante der inzwischen schon gut erforschten Bibeltexte bringt, dann kann ich mich dem Eindruck nicht entziehen, daß wir mehr brauchen als weitere exegetische Studien.

Ein zweiter Blickwinkel

Wir brauchen einen zweiten Blickwinkel. Zuerst müssen wir die Bedeutung der Texte in der Bibel untersuchen, die direkt mit unserem Thema zu tun haben. Dann aber müssen wir unseren Blick auch auf die Person richten, die diese Texte liest, und die biblische Offenbarung heranziehen, um diese Person besser zu verstehen. Was geht in uns vor, was beeinflußt uns beim Lesen der Bibel?

Es ist nicht richtig, die These aufstellen, ein Bibelleser müsse erst alle Vorurteile beseitigen, bevor er das Wort Gottes versteht. Das ist ein nobler Gedanke, aber er ist unrealistisch. Wenn wir alle Vorprägungen beseitigen wollen und, schlimmer noch, wenn wir denken, wir hätten es geschafft, dann verstekken wir nur vor uns selbst die tief verwurzelten Motive, die unser Verständnis des Textes bestimmen, und geben ihnen noch mehr Raum.

Obwohl die Beziehung zu anderen Menschen im Leben des Christen eine zentrale Rolle spielt, schenken wir ihr selten genug Beachtung, vor allem beim Bibelstudium. Um die selbstsüchtigen Motive ans Licht zu bringen, die unser Bibellesen beeinflussen, sollten wir uns eine selten gestellte Frage beantworten: Bin ich bereit, mir über meine Beziehung zu anderen Gedanken zu machen und so die Demut zu lernen, die ich brauche, um die Botschaft Gottes hören zu können?

Wenn wir diese Frage bejahen, stellen sich zwei weitere Fragen. Erstens: Ist mir bewußt, wie ich auf andere wirke, die mich gut kennen? Zweitens: Bin ich bereit, mich von anderen korrigieren zu lassen, und halte ich dies für meine geistliche Gesundheit für wichtig?

Wenden wir uns zuerst der ersten Frage zu. Mir ist aufgefallen, daß nur wenige Christen sich ernsthaft Gedanken darüber machen, wie andere sie sehen. Sie behaupten, dies täten nur unsichere und emotional abhängige Persönlichkeiten. Aber wenn die Bibel uns zeigt, daß Gott uns in eine liebevolle Gemeinschaft eingliedern möchte, dann sollten wir erwarten, daß sein Wort uns auch auf unseren Umgang mit anderen Menschen hinweisen will (Jakobus 1,19-25).

Und trotzdem höre ich oft, wie Mitarbeiter in christlichen Gemeinden und Organisationen sich darüber beklagen, daß sie bei ihren Sitzungen weniger wegen inhaltlicher Streitigkeiten Probleme haben als wegen der Umgangsformen eines Mitarbeiters (oft eines Leiters mit straffem Führungsstil). Und keiner wagt es, dieser Person zu sagen, daß ihr Verhalten sehr problematisch ist, weil jeder weiß, daß der Betreffende eine solche Kritik als zu persönlich, zu psychologisch oder einfach als unwichtig betrachtet.

Wenn zwei Leute eine Sitzung verlassen, dann kann derjenige, der ehrlich darüber nachdenkt, wie die anderen ihn wohl sehen mögen, besser lieben und besser auf Gott hören als derjenige, der keine Ahnung davon hat, wie er auf andere wirkt. Sich nicht darum zu kümmern, was andere von uns denken, ist kein Zeichen von Charakterstärke, sondern von Arroganz.

Und nun zur zweiten Frage. Bin ich bereit, die Kritik anderer als lebenswichtig für meine geistliche Gesundheit einzuschätzen?

Es ist nicht einfach, aus der ehrlichen Kritik anderer über uns Gewinn zu ziehen. Und doch sind Rachael und ich in unserer Ehe gerade in den Zeiten am meisten gewachsen, als wir uns offen damit auseindersetzten, wie wir aneinander versagt hatten.

Manche Leute machen einen Kult daraus, anderen ihre Gefühle mitzuteilen, und sagen im Namen der Ehrlichkeit Dinger, die man eigentlich nie sagen dürfte. Viele zutiefst selbstzentrierte Gespräche finden unter dem Banner der Aufrichtigkeit statt (»Wenigstens habe ich ihm gesagt, was ich wirklich denke«). Aber auch wenn Kritik oft ungeschickt und nicht hilfreich angebracht wird und sogar schon Beziehungen zerstört hat, müssen wir als reife Menschen doch bereit sein, uns der Kritik anderer zu stellen und so unsere negative Wirkung auf andere zu sehen, die wir sonst in unserer Blindheit nicht erkennen würden.

Die beiden Fragen, die wir uns gestellt haben, weisen uns auf die oft unerkannten, aber starken Kräfte hin, die unser Denken beeinflussen. Wenn zum Beispiel meine Familie und meine Freunde mir sagen, ich sei sehr kritisch und setze andere unter Druck, dann kann ich dank ihrer Hilfe erkennen, wie ich in meiner Beziehung zu anderen verzweifelt versuche, mich selbst zu behaupten. Wenn ich dem Heiligen Geist in die dunklen

Regionen meines Herzens folge (Hebräer 4,12; Psalm 139,23.24; Sprüche 20,27), wo selbstsüchtige Gedanken und Pläne meine Handlungen mehr bestimmen, als ich es mir eingestehen will, dann werde ich schließlich zerbrochen, demütig, kann Gott wieder neu für seine Vergebung danken und seine Stimme hören, wenn ich in seinem Wort lese.

So werde ich am besten dafür ausgerüstet, die biblische Botschaft zu einem bestimmten Thema zu verstehen, sei es Prophetie, Sünde oder das Thema Mann und Frau. Denn Gottes Botschaft betrifft zunächst einmal unsere Beziehung zu ihm und zu anderen (Matthäus 22,37-40). Wer aber von selbstzentrierten Schemata bestimmt ist, der hört auf andere Dinge.

Besitzen wir nur Gelehrsamkeit, aber nicht die Demut, die aus einer ehrlichen Sicht von uns selbst kommt, dann bringt uns die Gelehrsamkeit keine göttliche Weisheit, sondern nur arrogantes Wissen. Wir kommen dem, was Gott uns zu schwierigen Themen wie dem Unterschied von Mann und Frau zu sagen hat, dann am nächsten, wenn wir als demütige Menschen, die traurig darüber sind, daß ihr Verhalten so schnell und so oft Schaden hervorruft, gemeinsam über die biblische Botschaft nachdenken.

Natürlich hat die theologische Forschung weiterhin ihren Platz, wenn es beispielsweise darum geht, die Herkunft des griechischen Wortes für »Haupt« oder die kulturelle Situation der damaligen Zeit zu untersuchen. Weil aber gleichermaßen kompetente Forscher die vorliegenden Daten aus unterschiedlichen Blickwinkeln betrachten und dann zu gegensätzlichen Schlüssen kommen können, werden theologische Argumente wohl nur diejenigen überzeugen, die sowieso schon dieser Meinung waren.

Vor einigen Jahren fand eine Konferenz statt, bei der verschiedene Standpunkte zum Thema Mann und Frau vorgetragen wurden. Theologen legten die Positionen dar, die sie ihrer Meinung nach am besten durch die Bibel stützen konnten. Nachdem viele Argumente vorgetragen worden waren, antwortete J.I. Packer, einer der Teilnehmer, darauf mit einem Satz, der mir wegen seiner Demut und Weisheit bis heute im Gedächtnis geblieben ist. Er sagte: »Manche Texte bringen mich immer mehr zu der Überzeugung, daß die Beziehung von Mann und Frau nicht umkehrbar ist.«[1]

Ich finde diese Aussage vielleicht deshalb überzeugend, weil Packer eine Meinung vertritt, die ich auch teile. Vielleicht halte ich sie aber auch darum für richtig, weil sie wahr ist. Beides könnte erklären, warum sie mich so anspricht. Und letztlich kann man nicht entscheiden, was der eigentliche Grund ist. Wir alle können nur weiterhin versuchen, Demut zu lernen. Die Demut wächst in uns, wenn wir die Auswirkung unseres Verhaltens auf andere ehrlich sehen und uns bei unserem Bibelstudium immer wieder bewußt vom Geist Gottes abhängig machen, der uns Weisheit schenkt.

Bei einer Diskussion unter Mitarbeitern über möglicherweise kontroverse Themen müssen wir zuerst unsere Motive unter die Lupe nehmen. Wir können in unserem Gespräch weiterkommen, wenn wir solche Fragen in aller Demut besprechen.

Das gilt für uns alle. Und darum habe ich den ersten Teil dieses Buches zuerst geschrieben. Er soll dazu dienen, bei uns eine Haltung der Demut zu wecken. Den zweiten Teil, in dem ich mein Verständnis vom Mann- und Frausein darlegen will, habe ich für Menschen geschrieben — und hoffe, selbst dazuzugehören —, die darauf achten, wie sie auf andere wirken, weil es das Wichtigste für sie ist, anderen zu dienen, und weil sie zugleich wissen, daß es nichts Schwierigeres gibt.

Am meisten wünsche ich mir, mit diesem Buch Männer und Frauen zu erreichen, die von Herzen nach Gottes Willen leben möchten. Wenn solche Menschen, die andere an die erste Stelle setzen wollen und bereit sind, sich der Kritik anderer zu stellen, negativ auf meine Gedanken reagieren, dann muß ich meine Ansichten ernsthaft hinterfragen. Wenn sich Theologen unter ihnen befinden, sind mir die Korrekturen, die sie aufgrund ihres Fachwissens an mich herantragen, sehr willkommen.

Wenn meine Gedanken in die richtige Richtung gehen, dann werden sie einen Widerhall in den Herzen und Gedanken von Christen finden, denen ein Leben im Dienst anderer wichtiger ist als ihr eigenes Verständnis der Unterschiede von Mann und Frau.

Kapitel 8

Gibt es wirklich einen Unterschied?

Niemand bestreitet, daß Mann und Frau verschieden sind, zumindest in einigen auffälligen und wichtigen Punkten. Und alle sind sich darüber einig, daß das eine Geschlecht für bestimmte Aufgaben besser gerüstet ist als das andere. Männer zum Beispiel können keine Kinder bekommen.

Die meisten Christen würden auch dem noch zustimmen, daß sich die körperlichen Unterschiede auf die Beziehung auswirken. Zwei Männer oder zwei Frauen können durch eine enge Freundschaft miteinander verbunden sein, aber die romantische Liebe ist allein einem Mann und einer Frau vorbehalten. Eine lebenslange Verbindung, die eine sexuelle Gemeinschaft miteinschließt, muß heterosexuell sein. Ein Mann, der mit einem Mann zusammenlebt, und eine Frau, die mit einer Frau in sexueller Gemeinschaft lebt, pervertieren Gottes Absicht, ganz gleich wie sehr sie einander lieben mögen.

Aber warum ist das so? Wenn Gottes Verbot einer homosexuellen Beziehung nicht willkürlich ist, sondern dem guten Plan unseres Schöpfers entspringt, dann besitzt der Mann vielleicht speziell männliche Eigenschaften, die sich mit den speziell weiblichen Eigenschaften der Frau ergänzen.

Die Bibel geht hier noch einen Schritt weiter. »Eine Frau soll nicht Männersachen tragen, und ein Mann soll nicht Frauenkleider anziehen; denn wer das tut, der ist dem Herrn, deinem Gott, ein Greuel« (5.Mose 22,5). (Viele sagen, dieser Text lehre ein zeit- und kulturübergreifendes Verbot, Kleider des anderen Geschlechts zu tragen. Jedoch sind andere aus Gründen, die wir hier nicht ausführlich besprechen können, der Auffassung, der Text verbiete Männern, sich als Frauen zu verkleiden, um dem Militärdienst zu entgehen, und untersage es, Frauen als Soldaten zu verkleiden und an die vorderste Front zu schicken. Aber auch wenn der Vers mehr männlicher Feigheit entgegenwirken soll als allgemein dem Tragen von Kleidern des anderen Geschlechts, können wir das Verbot, Kleidung des anderen Geschlechts anzuziehen, auch aus anderen Bibelstellen ableiten, die sich mit der Unterschiedlichkeit von Mann und Frau befassen, z.B. Römer 1,26-27.) Auch wenn die Kulturen sich in dem unterscheiden, was sie als Männer- und Frauenkleidung betrachten, gibt es doch stets einen klaren Unterschied zwischen den Geschlechtern. In der modernen westlichen Kultur tragen Männer und Frauen Hosen, und trotzdem sind Frauenhosen anders als Männerhosen. Gott möchte, daß Männer wie Männer aussehen und Frauen wie Frauen.

Gibt es also etwas speziell Männliches und Weibliches, das wir durch unser Aussehen zum Ausdruck bringen sollen? Schwächt homosexuelles Verhalten unsere geschlechtliche Identität ab? Gibt es männliche und weibliche Züge an uns, die über unsere körperliche Verschiedenheit hinausgehen und auch die Seele umfassen?

Der eigentliche Streit beginnt dann, wenn jemand behauptet, die Unterschiede zwischen Mann und Frau ließen die Schlußfolgerung zu, daß die beiden für bestimmte Aufgabenbereiche geschaffen wurden und diese Bereiche jeweils am besten ausfüllen können. Besonders hitzig wird die Debatte, wenn jemand sagt, Mann und Frau fänden dann ihre tiefste Erfüllung, wenn sie in ihrer Beziehung zueinander in jeweils spezifischer Weise geben und empfangen.

Der Gedanke, daß zu den unterschiedlichen Körpern von Mann und Frau auch unterschiedliche Seelen gehören, wirft weitere Fragen auf.

Bin ich in erster Linie eine neutrale Person, die nebenbei zufällig auch noch ein Mann ist, oder bin ich eine männliche Person, die in ihrem tiefsten Innern ganz anders ist als eine Frau?

Ist meine Geschlechtlichkeit nur ein dekorativer Zusatz zu meiner Seele, oder bestimmt sie sogar meinen Charakter? Und wenn ein Chirurg bei einem Mann eine Geschlechtsumwandlung vornimmt, kommt dann eine Frau dabei heraus oder ein entstellter Mann, der sich aus irgendwelchen komplizierten Gründen in einem weiblichen Körper wohler fühlt?

Entspricht es mehr dem Wesen der Frau, ihren Mann in der alltäglichen Beziehung miteinander zu empfangen, so wie sie ihn in der körperlichen Beziehung empfängt? Und entspricht es umgekehrt mehr dem Wesen des Mannes, auf seine Frau in der Alltagsbeziehung zuzugehen, so wie er auch in der körperlichen Beziehung auf sie zugeht?

Dies sind schwierige Fragen, die uns dazu zwingen, auf einer Seite Stellung zu beziehen. Ich habe mich für die Seite derer entschieden, die glauben, es gebe einen wesentlichen Unterschied zwischen Mann und Frau, der sich in der Beziehung der beiden zueinander und zur Außenwelt widerspiegelt.

Ich muß allerdings sagen, daß ich mich auf der Seite, auf die ich mich nun gezwungenermaßen begeben habe, nicht so ganz wohlfühle. Diejenigen, die am Unterschied zwischen Mann und Frau festhalten und meinen, das einzig Wichtige sei, daß die Frau ihren Platz kennt, argumentieren oft mit einer abweisenden Strenge, die mir zutiefst zuwider ist. Auch diejenigen, die etwas gnädiger von Rollen sprechen, neigen oft dazu, Menschen in Schubladen zu stecken, die jede liebevolle Beziehung im Keim ersticken.

Aber auch jene, die meinen, die Persönlichkeit sei für die Identität von größerer Bedeutung als das Geschlecht und die Unterschiede zwischen Mann und Frau hätten keinerlei Auswirkungen auf ihre Beziehung zueinander, schlagen Wege ein, die ich für gefährlich und falsch halte. Spiegeln unsere Beziehung und die Verantwortungsbereiche, die wir übernehmen, nicht nur unsere Persönlichkeit und unsere Begabungen wider, sondern auch unsere Geschlechtlichkeit, dann würden wir unsere Bestimmung verfehlen, wenn wir das Einzigartige, das beide Geschlechter in ihre Beziehung einbringen, ausmerzen wollten.

Wiederholen wir noch einmal die zentrale Frage dieses Kapitels: Gibt es etwas spezifisch Männliches beim Mann und etwas spezifisch Weibliches bei der Frau, das sie in ihrer Beziehung in verschiedener Weise zum Ausdruck bringen sollen, damit Gottes Plan in dieser Welt am besten verwirklicht werden kann?

Meine Antwort lautet Ja, und ich gebe sie weder mit einer Einschränkung, die sie verwässern würde, noch mit einer Entschuldigung, die den Eindruck erwecken könnte, ich sei mir nicht völlig sicher. Die Frage läßt sich jedoch nicht mit einer vereinfachten Antwort lösen, weil sie so viele Probleme berührt, die sorgfältiges Nachdenken und ein weises Urteil erfordern. Andere, die diese Frage bejahen würden, meinen oft etwas ganz anderes als ich, und ich fühle mich in vielen Punkten mit denen verbunden, die sie verneinen würden.

Ein simples Ja wird also nicht genügen. Es verlangt nach einer Erklärung. Darum werde ich im weiteren Verlauf dieses Kapitels meine Antwort begründen und auch aufzeigen, warum manche die Frage verneinen.

Meine Argumente für ein Ja

Intuitive Gründe

Es ist interessant zu beobachten, daß viele, die so wie ich der Überzeugung sind, daß Männlichkeit und Weiblichkeit einen wichtigen Aspekt unserer Identität beschreiben, sich manchmal auf eine natürliche Empfindung berufen.

Elisabeth Elliot, die das Vorwort schrieb zu John Pipers Buch »*What's the Difference?* Manhood and Womanhood Defined According to the Bible«, stimmt der traditionalistischen Sicht des Buches zu und schließt ihre Stellungnahme mit den Worten: »Ich denke, wir alle spüren als Frauen und Männer, daß seine These richtig ist.«[1] Gegen Ende desselben Buches schreibt Piper, nachdem er die mangelnde geistliche Führungsbereitschaft der Männer als ernste Sünde bezeichnet hat: »Und in dem Maße, wie dies Frauen den Platz in Führungspositionen einräumt, wird es sogar als Tugend gefeiert. Aber ich glaube, tief drinnen wissen die Männer — und die Frauen — es besser.«[2]

Die Intuition allein wäre allerdings ein schwaches Argument für meinen Standpunkt. Wenn aber die Überlegungen sowohl von der Bibel als auch von der eigenen Erfahrung gestützt werden, dann ist es ganz legitim, wenn das Gefühl den eigenen Standpunkt bestätigt oder sogar den alleinigen Ausschlag gibt.

Und so sollte es auch sein. Denn wenn Gott tatsächlich etwas wie Männlichkeit und Weiblichkeit in unser Wesen gelegt hat, werden wir feststellen können, ob eine Beschreibung unseres Wesens mit unserem Empfinden als Mann und Frau übereinstimmt.

Jedoch leben wir in einer gefallenen Welt, und der Sündenfall hat uns in eine niedrigere Daseinsstufe fallen lassen. Wir sind also nicht mehr solche Männer und Frauen, wie wir sein sollten, und darum erscheint eine wahre Beschreibung unseres Wesens nicht jedem von uns als wahr. Diejenigen aber, die sich des Ideals bewußt sind, das die Erlösung einmal wiederherstellen wird, werden wahre Beschreibungen bestätigen und von falschen mit einem unguten Gefühl zurückweichen.

Dies aber läßt uns in der merkwürdigen Situation, entscheiden zu müssen, ob unsere Intuition uns ein klares oder ein verzerrtes Bild davon gibt, wie es eigentlich sein sollte. Sind wir reif und können folglich richtig wahrnehmen, oder ist unsere Sicht durch eine unerkannte Unreife getrübt?

Das beste, was wir tun können, ist, uns fest, aber nicht rigide, an unsere Überzeugungen zu halten und Reife vorsichtig zu definieren als ein Ausgerichtetsein auf andere. Wir können uns diesem Ziel nähern, indem wir uns ständig unsere Selbstzentriertheit vor Augen halten und lernen, uns an der Vergebung Gottes zu freuen, uns von Gebet und Bibelstudium prägen zu lassen und offen zu sein für eine neue Sicht unserer Geschlechtlichkeit, die sich uns auftut, wenn wir in der Liebe wachsen.

Natürlich wäre es falsch, wenn ich verlangen würde, daß meine Intuition auch für andere Menschen verbindlich sein muß. Aber sie ist berechtigt, wenn mein Verständnis von meinem natürlichen Empfinden beeinflußt wird.

Es ist auch ganz vernünftig, der Intuition von Menschen zu vertrauen, die wir in Beziehungsfragen für reif halten. Für mich sind das Menschen, die wissen wollen, welche Auswirkungen ihr Verhalten auf andere hat, die sich über schlechte Auswirkungen Sorgen machen und sich über gute freuen. Es sind Menschen, denen eine liebevolle Beziehung genauso wichtig ist wie das Festhalten an einer gesunden Lehre. Leider gibt es sie zu wenig.

Oft aber bestätigt mich ihre Intuition in der Meinung, daß Mann und Frau in wesentlichen Punkten verschieden sind.

Persönliche Erfahrungen

Meine Ansicht finde ich ebenfalls durch meine Erfahrung als Therapeut bestätigt – allerdings darf die Erfahrung genauso wenig den Ausschlag geben wie die Intuition. Ich möchte zwei Beispiele aus Hunderten von anderen herausgreifen.

Es handelt sich um einen Mann und eine Frau, die beide gegen homosexuelle Versuchungen zu kämpfen haben. Menschen mit homosexuellen Neigungen fällt es häufig schwer, sich mit ihrer Männlichkeit oder Weiblichkeit zu identifizieren. Vielleicht kann dies ein neues Licht auf unsere Frage werfen.

Ein Christ, der sich von seinem homosexuellen Lebensstil abgekehrt hatte, erzählte mir, daß er weiterhin dagegen ankämpfe. Ich hakte nach und wollte genau wissen, was ihn an der homosexuellen Aktivität so anzog. Ich nahm an, die Homosexualität täusche ihm die männliche Befriedigung vor, für die er geschaffen war. Seine Antwort, die sich im Verlauf mehrerer Gespräche herauskristallisierte, ist sehr aufschlußreich.

»Nicht das körperliche Vergnügen sexueller Befriedigung ist das Wichtigste für mich. Es ist natürlich schön, aber was ich vor allem will, ist sexuelles Vergnügen mit einem Mann. Manchmal staut sich der Druck in mir ungeheuer an. Dann meine ich, daß nichts mir Erleichterung schafft außer der sexuellen Gemeinschaft mit einem Mann. Meine Begierde verzehrt mich buchstäblich.

Aber nicht der Sex an sich bringt mir Erleichterung. Oder besser gesagt, es ist nicht nur das sexuelle Verlangen, das gestillt wird. Es ist etwas viel Tieferes. Wenn ich so mit einem Mann persönlich und intim verbunden bin, dann ist es so, als ob etwas Unvollständiges in mir ausgefüllt wird. Was ich wirklich sein will, scheint plötzlich in Reichweite zu kommen. Und das bedeutet mir so viel, daß es mir jedes Opfer wert ist. Aber hinterher fühle ich mich nicht gut. Es ist, als ob ich wieder von neuem ausgefüllt werden müßte.«

Kurze Zeit nach diesen Gesprächen unterhielt ich mich mit einer Bekannte, einer alleinstehenden Frau, die sich hin und wieder zu anderen Frauen hingezogen fühlt. Sie weinte, weil sie verzweifelt und verwirrt war und sich vor sich selbst ekelte. Dann erzählte sie mir, wie wütend sie manchmal wurde, wenn ihre Zimmergenossin (die keine Lesbierin war) mit einem Mann ausging. Ich bat sie, ihre inneren Gefühle ausführlicher zu beschreiben.

»Ich weiß, es ist verrückt und irrational, aber ich fühle mich manchmal betrogen, wenn sie sich mit einem Mann trifft, als ob ein Band zwischen uns zerschnitten würde. Es hat nie eine sexuelle Annäherung zwischen uns gegeben, und das will ich auch absolut nicht. Es ist etwas viel Tieferes, wonach ich mich sehne.

Was mir am meisten Angst macht, ist, daß es immer nach einem gewissen Schema abläuft. Ich binde mich immer an eine bestimmte Person, meistens eine Frau (weil ich mich bei Frauen geborgener fühle als bei Männern), und dann wird mir die Beziehung zu wichtig, denn wenn die Person sich von mir zurückzieht, fühle ich mich sitzengelassen.

Wenn ich mir sage, daß sie schließlich immer noch meine Freundin ist, egal ob sie mit jemandem ausgeht oder nicht, hilft mir das nicht weiter. Ich glaube, ich will sie ganz für mich allein – und wenn nicht sie, dann irgendeine andere. Ich halte es einfach nicht aus, allein und ungewollt zu sein.«

Der Mann spricht von Erfüllung und Ergänzung, die Frau von Bindung.

In ihrem faszinierenden Buch *In a Different Voice* beschreibt Carol Gilligan Dutzende von Studien, die ergeben haben, daß Männer und Frauen im allgemeinen wie die beiden beschriebenen Personen empfinden, auch wenn sie nicht homosexuell veranlagt sind.[3]

Nach Gilligan betrachten Männer sich dann als reif, wenn sie sich als eigenständige, unabhängige Persönlichkeiten sehen können. Unabhängigkeit und Einfluß sind für sie relativ wichtig, um ein erfülltes Leben führen zu können und ein Gefühl der Selbstsicherheit zu entwickeln. Frauen dagegen scheint mehr daran zu liegen, enge Beziehungen aufzubauen, die durch gegenseitige Bindung gehalten werden. Gilligan beobachtet, daß bei Männern Reife mehr mit dem Gefühl der inneren Stärke zu tun hat, bei Frauen mehr mit der Fähigkeit, in einer liebevollen Beziehung zu leben.

Wenn Mann und Frau tatsächlich »mit verschiedenen Stimmen sprechen«, wie Gilligan behauptet, dann vielleicht deshalb, weil sie in ihren tiefsten Bedürfnissen und in ihrem Umgang mit Beziehungen und Aufgabenbereichen verschieden sind. Und vielleicht können wir diesen Unterschied beschreiben mit: »innere Erfüllung«, dem Bedürfnis, »sich in die Welt hineinzubegeben und sie zu verändern«, gegenüber der »Zuneigung zu anderen« und dem Bedürfnis, »die Welt tiefer Beziehungen zu genießen«.

Theologische Gründe

Intuition und Erfahrung können uns nur eine gedankliche Richtung angeben. Die Bibel dagegen will uns unterweisen. Und wenn die Bibel mir eine Theologie nahelegt, die meiner Intuition und meinen Erfahrungen widerspricht, dann muß ich die biblische Lehre mehr als alles andere achten. Doch bei der Frage nach dem Unterschied von Mann und Frau fand ich keinen wesentlichen Widerspruch zwischen meinen Gefühlen und Beobachtungen und dem, was die Bibel dazu sagt. Ich werde nun einige theologische Gründe darlegen, die meine Gedanken bestimmt haben.

Wie ich schon weiter oben schrieb, zeigt uns die Lehre von der Dreieinigkeit vor allem zwei wichtige Dinge. Erstens: Das Wichtigste, was wir in unserem Leben tun, ist, Beziehungen einzugehen und weiterzuentwickeln, zuerst mit Gott, dann mit anderen Menschen. Nichts ist bedeutungsvoller für unser Leben als die Qualität unserer Beziehung zu Gott und zu anderen. Die Beziehung zu uns selbst (das Bild, das wir von uns haben, unser Lebenssinn) ist nur in dem Maße gut, wie unsere Beziehung zu Gott und zu anderen in Ordnung ist. Das lernen wir aus dem Wissen, daß Gott einer ist und doch eine Einheit von drei Personen, deren ewige Beziehung ihr Dasein bestimmt.

Zweitens: Was wir aus der Dreieinigkeit lernen, ist: In einer guten Beziehung setzt jede Person ihre Gaben nicht für sich selbst, sondern zum Wohl der anderen ein, egal was es sie kostet. Wenn wir sagen, Gott ist Liebe, so meinen wir damit, daß die drei Personen der Gottheit in vollkommener Weise das Wohl der anderen und ihrer Geschöpfe im Blick haben. In einer guten Beziehung steht immer der andere an erster Stelle.

Aber wir können noch ein Drittes lernen: Beziehungen sind nicht umkehrbar. Die drei Personen der Dreieinigkeit haben die Verantwortungsbereiche der Schöpfung, Erlösung und Gabenzuteilung untereinander aufgeteilt. Sie haben verschiedene Aufgaben, die nicht austauschbar sind, sich aber oft überschneiden. Ihre Ziele sind die gleichen, aber ihre Aufgaben kann man im wesentlichen voneinander unterscheiden.

Nach Johannes 1,1-3 kam zum Beispiel dem Sohn die Aufgabe der Schöpfung zu. Aber beim Plan der Erlösung ordnete er sich dem Vater in einer Weise unter, wie sich der Vater ihm nicht unterordnete. Obwohl die Einheit in ihrer Beziehung bedeutete, daß einer sich dem anderen in völliger Selbstlosigkeit unterordnete, unterstand der Sohn dem Vater in nicht umkehrbarer Weise. Dabei beinhaltete diese Unterordnung keinerlei Abwertung. Sie beruhte auf einer freiwilligen Entscheidung des Sohnes und entsprach einem sinnvollen Plan.

Diesen Gedanken einer nichtumkehrbaren Ordnung in einer Beziehung möchte ich nun näher erläutern, denn wir können mit gutem Grund annehmen, daß die Ehe, die wichtigste Beziehung zwischen den Geschöpfen Gottes, eine ähnliche Ordnung von unterschiedlichen, aber gleichwertigen Verantwortungsbereichen widerspiegelt.

Um die Analogie jedoch nicht zu überspannen, sollten wir daran denken, daß es einen ganz wesentlichen Unterschied zwischen der göttlichen und der menschlichen Beziehung gibt: Die Personen der Dreieinigkeit sind vollkommen selbstlos; dies kann kein Mensch für sich beanspruchen. Unser Herr mußte nicht damit rechnen, daß sein Vater in Sünde fallen würde, und er selbst lehnte sich niemals gegen seinen Vater auf. Der Vater mußte sich keine Gedanken darüber machen, ob seine Motive gegenüber dem Sohn wirklich von der Liebe bestimmt waren. In den menschlichen Beziehungen aber ist die Selbstzentriertheit eine Realität, mit der man ständig rechnen muß.

Gott liebt eindeutig Ordnung (1.Korinther 14,33.40). Er lebt nicht nur selbst nach einer bestimmten Ordnung, sondern hat diese auch in seine Schöpfung hineingelegt. Gott ist kein ferner König, der etwas in Gang setzt und sich dann heraushält. Er ist der Schöpfer und der Erhalter des Universums. Es ist Gott, und nicht die Natur, die jeden Morgen zu einer vorhersagbaren Zeit die Sonne über dem Horizont aufgehen läßt. Gott ist durch die Regelmäßigkeit nicht gelangweilt, er hat Freude am kreativen Ausdruck innerhalb bestimmter Grenzen.

Die Ordnung, die Gott in seine Schöpfung gelegt hat, betrifft auch Mann und Frau. Wir wollen uns ein paar Hinweise, die Gott uns dafür gegeben hat, ansehen.

1. Gott schuf Adam zuerst, dann Eva (1.Korinther 11,8-9). Dieser geordnete Plan ließ die Beziehung der beiden später zum Abbild der Beziehung zwischen Christus und seiner Gemeinde werden: Auch diese Beziehung ist durch eine unumkehrbare Ordnung gekennzeichnet (Epheser 5,21-33).

2. Gott sagte, daß es nicht gut sei, wenn Adam ohne Eva lebte. Warum? Ging es nur darum, daß er keinen Menschen um sich hatte? Oder war Adam als Mann dazu bestimmt, mit einem Wesen in Beziehung zu treten, das zwar ein Mensch war wie er, aber eine Frau, und darum auch wieder ganz anders? Konnten Mann und Frau einander bei der Aufgabe ergänzen, sich die Welt untertan zu machen?

Bevor Gott Eva schuf, erteilte er Adam den Auftrag, den Tieren Namen zu geben. Warum tat er das, bevor er Adam und Eva zusammenführte? In 1.Mose 2,20 heißt es, daß Adam unter den Tieren keine geeignete Gefährtin finden konnte. Suchte er denn eine? Hatte er selbst erkannt, daß ihm etwas fehlte?

Als er Stunden (Tage? Wochen? Monate?) damit zubrachte, den Tieren Namen zu geben, mußte in Adam wohl das unbestimmte, aber deutliche Gefühl erwacht sein, daß er sich innerlich nach etwas ausstreckte, es aber nicht erreichen konnte. Erst dann ließ Gott ihn in einen tiefen Schlaf fallen.

Als er aufwachte und zum ersten Mal eine Frau sah, jemanden, der so wunderbar anders war als die Tiere, ihm selbst so wunderbar ähnlich und doch so unterschiedlich, daß sie sich gegenseitig ergänzen konnten, rief er: »Jetzt habe ich endlich die Erfüllung gefunden! Was in mir so unvollständig war, ist jetzt zu einem Ganzen geworden.«

Adam band sich an Eva (1. Mose 2,23-25), und sie konnte diese Beziehung genießen, in der keiner den anderen manipulierte und beide sich gegenseitig etwas zu geben hatten.

3. Nachdem Adam und Eva gesündigt hatten, machten sie sich einen Lendenschurz und versteckten sich. Sie spürten, daß irgend etwas an ihnen nicht mehr stimmte. Ein guter Plan war zerstört worden. Aber was war nun so häßlich an ihnen, was wurde durch ihren Ungehorsam zerstört?

Vielleicht wurde Adams Bindung an seine Frau pervertiert in eine Ablehnung der Autorität Gottes. Vielleicht hielt Eva das Glück, das sie bei ihrem Mann gefunden hatte, für weniger wichtig als den Genuß einer verbotenen Frucht. Mit anderen Worten: Adam verlagerte seine Treue weg von Gott zu Eva, und Eva verlagerte ihre Treue weg von Gott und seinem Plan für sie zu dem, der ihr die verbotene Frucht reichte.

Daß Adam und Eva nackt vor Gott standen, zeigte, daß auch mit ihrer geschlechtlichen Identität etwas geschehen war. Ihre Sündhaftigkeit hatte sogar die tiefsten Bereiche ihres Wesens getroffen.

4. Als Gott das Paar, das sich versteckt hatte, zur Rede stellte, sprach er zuerst zu Adam. Warum? War dies ein Zufall? Oder sah Gott Adams Verantwortung anders (nicht als stärker oder schwächer), weil er ein Mann war?

Paulus spricht von Adam, nicht von Eva, als dem, durch den die Sünde in die Welt kam, obwohl Eva zuerst sündigte und sie beide als Individuen gesündigt hatten. Außerdem bezeichnet Paulus Christus als den letzten Adam (1. Korinther 15,22.45). Gibt es hier nicht eindeutig einen Unterschied zwischen Mann und Frau, der über das Körperliche hinausgeht?

5. Gottes Gericht über Eva betraf sowohl die spezifisch

weibliche Fähigkeit, Kinder zu gebären, als auch die Beziehung zu Adam. Ihre körperliche Liebe zu Adam würde zu Augenblikken größten Schmerzes führen (bei der Geburt), und ihre seelische Zuneigung würde Leid und Kämpfe mit sich bringen.

Das Gericht über Adam sah anders aus. Gott strafte ihn damit, daß er auf bisher nie dagewesene Schwierigkeiten stoßen würde, wenn er versuchte, sich die Welt untertan zu machen. Er mußte von nun an in einer feindseligen Umgebung arbeiten, wo er oft versagen würde, und mit einer Frau zusammenleben, die sich von nun an mehr um ihre eigenen Bedürfnisse kümmern würde als um seine. Er verlor das Gefühl der Erfüllung, das entsteht, wenn ein Mann sich seine Welt untertan macht und in einer tiefen Beziehung mit einer Frau lebt, die es sich zur Priorität gemacht hat, seine Arbeit zu würdigen und sich an seiner Liebe zu ihr zu freuen.

Ich schließe aus all dem, daß es eine Ordnung in der Beziehung zwischen Mann und Frau gibt, die nicht umkehrbar ist, weil sie die Unterschiede widerspiegelt, mit denen Gott uns geschaffen hat. Obwohl ich das Wesen des Mannes und der Frau im nächsten Kapitel ausführlicher beschreiben werde, lassen sich aus der Schöpfungsordnung bereits einige Grundgedanken über das Mann- und Frausein ableiten.

Männlichkeit hängt mit dem Gefühl der Erfüllung zusammen, das der Mann empfindet, wenn er sich entschlossen in seine Welt hineinbegibt und wenn er sich von Herzen an eine Frau bindet. Auch alleinstehende Männer können mit dem Bewußtsein leben, daß sie fähig sind, auf eine Frau zuzugehen, und bereit sein, dies auch zu tun, wenn die Umstände es zulassen. Auch sie können sich also ganz als Männer erleben.

Zur Weiblichkeit gehört die Fähigkeit der Frau, sich an einen Mann zu binden, ihn zu ermutigen als jemand, der ihn schätzt und respektiert, ihn zu einer Beziehung einlädt und sich freut, wenn er sich an ihr freut. Diese Fähigkeit kann vielleicht nicht immer zum Ausdruck gebracht werden, aber sie ist im Wesen einer Frau immer angelegt.

Die Freude daran, ein Mann oder eine Frau zu sein, kann allen zuteil werden, die mehr und mehr das Wohl anderer in den Vordergrund rücken. Die Ehe jedoch bietet die einzigartige Möglichkeit, bestimmte Formen einer tiefen Beziehung zu genießen, die Alleinlebenden nicht zuteil werden, zum Beispiel die sexuelle Beziehung und eine lebenslange verbindliche Gemeinschaft.

Gibt es Unterschiede zwischen Mann und Frau, die wir erkennen können und die tief genug sind, um bestimmte Formen des Umgangs miteinander in Familie und Gemeinde zu rechtfertigen? Ich habe diese Frage bejaht, aber viele würden sie eher verneinen.

Warum viele mit Nein antworten

Die Diskussion um den Platz der Frau in Familie und Gemeinde dreht sich meistens um sogenannte »Problemstellen« (1. Korinther 11,3-16; Galater 3,28; Epheser 5,21-33; Kolosser 3,18-19; 1. Timotheus 2,8-15; 3,1-13; Titus 2,1-5). Die Antworten, die wir auf solche in der Bibel angesprochenen Fragen geben, müssen selbstverständlich in der Bemühung verwurzelt sein, die betreffenden Texte richtig zu verstehen. Evangelikale, die unsere Frage mit Nein beantworten (ebenso wie diejenigen, die sie bejahen), geben als Begründung für ihre Überzeugung ihre Interpretation der Bibel an. Und dies zu Recht. Wir alle müssen die betreffenden Passagen so gut wir können untersuchen, das Wissen und die Einsichten anderer respektieren und dann zu einer eigenen Meinung darüber gelangen, was die Bibel zu diesem Thema zu sagen hat.

Im nächsten Abschnitt jedoch möchte ich zwei Begründungen näher beleuchten, die von jenen angeführt werden, die keinen wesentlichen oder keinen definierbaren Unterschied zwischen Mann und Frau sehen. Diese Begründungen stützen sich nicht auf bestimmte Bibeltexte.

Intuitive Gründe

Viele Männer und Frauen können der Theorie, daß Mann und Frau in wesentlichen Punkten unterschiedlich sind, nicht so einfach zustimmen. Ihrem Gefühl nach gibt es solche Unterschiede nicht. Wenn die Theorie aber korrekt wäre, müßten dann nicht alle (oder zumindest die meisten) Menschen diese Unterschiede an sich selbst erleben?

Meine Antwort darauf lautet: nicht unbedingt. Eines der deutlichsten Kennzeichen unseres gefallenen Menschseins ist unsere Fähigkeit, seelischem Schmerz dadurch zu entgehen, daß wir sozusagen die Nervenenden unserer Seele betäuben. So wie Verhungernde ihre Todesqualen lindern können, indem sie sich einreden, sie seien gar nicht hungrig, so können auch einsame Menschen sich vormachen, sie hätten keine Sehnsucht nach Gemeinschaft.

Wenn es aber wahr ist, daß unser Mann- oder Frausein sogar den innersten Kern unserer Persönlichkeit bestimmt, dann erleben wir Verletzungen, die uns durch einen Mangel an Liebe, eine gefühllose Bemerkung oder kalte Ablehnung zugefügt wurden, als Angriff auf unser Dasein als Mann und Frau und nicht nur als Bedrohung einer neutralen Persönlichkeit.

Wenn wir leiden, ist uns nichts wichtiger als die Linderung unserer Schmerzen. Und weil wir gefallene Menschen sind, wenden wir uns nicht automatisch an Gott, wenn wir Schutz und Hilfe brauchen. Wir wollen unseren eigenen Weg gehen, um unser persönliches Wohlbefinden wiederherzustellen.

Um das unausweichliche Leiden unserer männlichen oder weiblichen Seele einzudämmen, betäuben wir den Bereich unseres Wesens, der am meisten verletzt wurde, nämlich den, der uns zutiefst als Mann und Frau empfinden läßt. Wir blenden ihn aus unserem Bewußtsein aus. Indem wir nicht mehr als Mann oder Frau existieren, sondern uns auf das sicherere Dasein als neutrale Persönlichkeit zurückziehen, können wir unser Leben als intakte Personen bewältigen, die weniger bedroht und dafür selbstsicherer sind. Wir schränken damit aber auch unseren Erlebnisbereich als verletzbare, leidende Männer und Frauen ein, die ohne Gott nicht leben können.

Klammern wir den weiblichen oder männlichen Aspekt unseres Wesens aus, werden wir zu rauhen Menschen, die sich als solche wohlfühlen, obwohl ihre Haltung falsch und abstoßend ist. Sie spiegelt sich in Bemerkungen wie diesen:

»Es ist mir ganz egal, ob andere mich mögen.«

»Was soll's, wenn keiner mich leiden kann. Ich bin gut in dem, was ich tue, und die Leute respektieren mich dafür.«

»Ich will gar nicht wissen, wie mein Mann wirklich über mich denkt, darum frage ich ihn nicht mehr und denke auch nicht darüber nach. Ich werde das tun, was mir Spaß macht, so daß ich mit mir zufrieden sein kann.«

»Eines habe ich gelernt: Du kannst höflich und freundlich zu den Leuten sein, aber du darfst nicht zulassen, daß sie dir gegenüber im Vorteil sind.«

»Habe ich jemals irgendwen wirklich glücklich gemacht? Keine Ahnung! Noch nie drüber nachgedacht. Naja, ich glaube, ich esse jetzt mal was.«

Wenn wir den tiefsten Aspekt unseres Wesens ausblenden, verlieren wir viel von dem, was wir als maskuline Männer und feminine Frauen füreinander sein könnten. Wir geben uns damit zufrieden, nur als neutrale Personen zu leben, statt unserem Mann- oder Frausein gerecht zu werden. Wir genießen lieber die Sicherheit einer neutralen Seele, als daß wir das Risiko einer echten Beziehung eingehen, wie es von einem Mann und einer Frau verlangt wird.

Wenn wir leidenschaftlich dafür eintreten, als Mann und Frau in einer lebendigen Beziehung zusammenzuleben, dann wird uns das von denen übelgenommen, die mit der Geschlechtlichkeit ihres innersten Wesens nichts zu tun haben wollen. In ihrer Seele wird dies keinen Widerhall finden. Sie werden deshalb ganz aufrichtig, so wie es ihrem Bewußtsein entspricht, erklären, daß diese These mit ihren intuitiven Gefühlen nicht übereinstimmt.

Vielleicht ist dies nicht der Grund dafür, warum viele sich nicht deutlich als Mann oder Frau empfinden, aber meiner Meinung nach könnte es eine Erklärung sein.

Theologische Gründe

Die Bibel definiert an keiner Stelle, was Männlichkeit und Weiblichkeit bedeutet. Das Schweigen könnte darauf hinweisen, daß es einen solchen Unterschied gar nicht gibt. Und wenn es ihn gibt, dann sollen wir ihn vielleicht als Geheimnis akzeptieren und uns lieber auf ein geheiligtes Leben konzentrieren, zu dem Mann und Frau gleichermaßen berufen sind. Ein kulturübergreifendes Verständnis von Männlichkeit und Weiblichkeit auszuarbeiten könnte eine Falle sein. Es könnte nur Verwirrung stiften und uns davon abhalten, unser Christsein zu leben.

Was soll ein Vater, der Christ ist, seinem Sohn sagen, wenn er ihm vermittteln will, was es heißt, ein Mann zu sein? Manche Väter könnten bestimmte Verantwortungsbereiche beschreiben, von denen sie denken, daß sie in der Bibel mehr dem Mann als der Frau zugeteilt sind, wie zum Beispiel für eine Familie zu sorgen, seine Frau zu lieben und die geistliche Verantwortung zu Hause zu übernehmen. Sie könnten ihrem Sohn dann sagen, Männlichkeit bedeute, die Fähigkeiten zu entwickeln, die man für diese Aufgaben braucht.

Andere aber würden antworten, daß die Bibel an keiner Stelle direkt auf das Anliegen des Vaters eingeht. Statt dessen sagt sie viel darüber, zu welcher Art von Persönlichkeit der Sohn werden soll. Dazu gehören auch Eigenschaften, die in unserer Kultur eher Frauen zugeschrieben werden, wie Zärtlichkeit und Sensibilität. Männlichkeit ist demnach nicht etwas, was wir uns erst erarbeiten müssen. Existiert sie überhaupt als gesonderte Eigenschaft, dann wird sie von selbst entstehen, wenn der Sohn nach den allgemeinen biblischen Tugenden lebt.

Daß die Bibel zu unserem Thema nichts Genaues sagt, müssen wir bei der weiteren Diskussion berücksichtigen. Es wäre alles so viel einfacher, hätte Gott eine Passage in der Bibel eingefügt, die ungefähr so beginnt: »Nun will ich euch ganz genau sagen, was es bedeutet, männlich oder weiblich zu sein.« Aber selbst dann wäre wahrscheinlich irgendeine sprachliche Mehrdeutigkeit gefunden worden oder würden Hypothesen über das kulturelle Umfeld aufgestellt, bis der Text das aussagt, was wir gerne hören wollen.

Natürlich gibt auch es keine solche Passage in der Bibel.

Aber ich frage mich, ob das Schweigen der Bibel darauf

hinweisen soll, daß es keine Unterschiede zwischen Mann und Frau gibt, oder ob dies nicht vielmehr eine Vorsichtsmaßnahme ist, damit wir nicht einen strengen Verhaltenskodex aufrichten, den jedes Geschlecht befolgen muß.

Und vielleicht ist die Bibel zu diesem Thema gar nicht so schweigsam, wie wir meinen. Könnte es nicht sein, daß die Unterschiede von Mann und Frau eine Tatsachen sind, die stillschweigend vorausgesetzt werden, so wie die Dreieinigkeit Gottes?

Zwar werden biblische Ermahnungen generell an Männer und Frauen gemeinsam gerichtet, aber es gibt Ausnahmen, die wir beachten sollten: »Ihr Frauen, ordnet euch euren Männern unter, wie sich's gebührt in dem Herrn. Ihr Männer, liebt eure Frauen und seid nicht bitter gegen sie« (Kolosser 3,18-19). Wie auch immer wir diese Ermahnungen interpretieren mögen, die Aufforderung an die Frau ist anders als die an den Mann. Wenn die Unterschiede im Wesen von Mann und Frau in der Bibel vorausgesetzt werden, dann können sogar beiläufige Bemerkungen (falls man überhaupt irgendeinen Vers in der Bibel als »beiläufig« bezeichnen kann) wie zum Beispiel »Sei stark und erweise dich als Mann« (1. Könige 2,2) uns etwas über das Mann- und Frausein zu sagen haben. (Interessanterweise sind dies die Worte eines Vaters an seinen Sohn, in diesem Fall die Worte eines sterbenden Vaters, nämlich Davids, an Salomo, den nächsten König von Israel.)

Zwei Grundsätze

Ich möchte vorschlagen, daß wir zwei Grundsätze beachten, wenn wir über das schwierige Thema des Unterschiedes zwischen den Geschlechtern nachdenken. *Zuerst sollten wir Männlichkeit und Weiblichkeit stets in eine Beziehung einordnen*, wobei nicht eine Zuteilung festgelegter Rollen und Verantwortungsbereiche im Vordergrund steht, sondern das, was wir einander zu schenken haben.

Wir können unser Frau- und Mannsein nicht auf bestimmte Pflichten reduzieren, die wir zu erfüllen haben, oder auf bestimmte Eigenschaften, die wir entwickeln sollen. Wenn wir mehr über männliche und weibliche Rollen nachdenken als über das Mann- und Frausein, verlieren wir aus dem Blick, daß Gottes Weisungen immer den Schwerpunkt auf die Beziehung legen. Gottes Willen zu tun heißt immer, so miteinander umzugehen, wie er es möchte.

Darum ist es mir wichtiger aufzuzeigen, wie wir uns in unserer Beziehung gegenseitig bereichern können, statt eine exakte Definition von Männlichkeit und Weiblichkeit zu geben, die wir durch unser Verhalten zum Ausdruck bringen sollen. Der Unterschied, den Gott in uns hineingelegt hat, wird nur dann echt und verläßlich zutage treten, wenn wir in unserem Umgang miteinander den Partner an die erste Stelle setzen. Alles andere ist nur eine Verfälschung.

Trotzdem denke ich, daß es einige sinnvolle und wichtige Dinge gibt, die wir über Männlichkeit und Weiblichkeit wissen können. Obwohl sich unsere Unterschiede kaum genau definieren lassen, ist unsere Geschlechtlichkeit doch mehr als ein völlig unlösbares Rätsel, über das wir nur staunen können.

Mein zweiter Grundsatz lautet deshalb: *Wir sollten versuchen, die Bedeutung des Mann- und Frauseins besser zu verstehen, indem wir das Wesen der Dreieinigkeit, die Schöpfung und den Sündenfall von Adam und Eva genauer betrachten sowie die unterschiedlichen Verantwortungsbereiche, die die Bibel Männern und Frauen zuweist.*

Im nächsten Kapitel möchte ich darum versuchen, diese Grundsätze zu beachten, wenn es um die Frage geht: Was ist Männlichkeit und was ist Weiblichkeit?

Kapitel 9

Männlichkeit und Weiblichkeit

Jeder Versuch, Unterschiede zwischen Mann und Frau aufzuzeigen oder aus ihnen sogar verschiedene Aufgabenbereiche in Familie und Gemeinde abzuleiten, ruft gewöhnlich mehr Kritiker und Skeptiker auf den Plan als Befürworter. Allein schon der Versuch macht uns mißtrauisch. Wir reagieren gereizt. Das Thema berührt uns sehr persönlich.

Diese Reaktion ist natürlich zu erwarten, wenn die Unterschiede sehr tief liegen und wenn unsere Identität als Personen ganz und gar in unser Mann- und Frausein eingebettet ist. Gerade weil ich glaube, daß die Unterschiede sehr tiefgreifend sind und daß es wichtig ist, sie zu verstehen, habe ich dieses Buch geschrieben.

In unserer Diskussion geht es um zwei wichtige Dinge: um den Schöpfungsplan Gottes und um die Kraft und Freude seines Volkes, das nach diesem Plan leben soll.

Ich habe viele Männer vor Augen wie Mike in Kapitel 7, die nicht die geringste Ahnung haben, wie sie ihrer Frau vermitteln können, daß sie tief geliebt wird. Natürlich gibt es in jeder Beziehung Konfliktzeiten, in denen keiner weiß, was er tun soll. Aber Männer reagieren oft mit Rückzug und schenken ihrer Frau nicht die sensible und starke Zuneigung, die sie braucht, um sich innerlich zu entspannen. Statt dessen nehmen sie für sich in Anspruch, Autorität zu besitzen und hoffen, damit ein gewisses Maß an Stabilität in ihrer Familie wiederherzustellen.

Viele Ehemänner pervertieren die Lehre des Paulus und verstehen das Hauptsein des Mannes als Freibrief, um von ihrer Frau zu verlangen, daß sie ihnen immer zustimmt und sie bedient. Andere wiederum versuchen, diesen Fehler zu korrigieren und verzichten auf eine spezifisch männliche Form der Liebe zu ihrer Frau. Ihre Ehe wandelt sich dann von einem kalten Regime mit Führer und Nachfolger zu einer geschäftlichen Beziehung, die mehr durch Effektivität gekennzeichnet ist als durch eine tiefe Liebe.

Und zahllose Frauen, so wie Debbie, reagieren auf diese verwirrende Situation, entweder indem sie sich unterordnen, den Status einer Sklavin oder Haushälterin einnehmen und dabei jede persönliche Würde verlieren, oder indem sie sich selbst befreien und in eine größere Welt hinausgehen, wo sie die Achtung bekommen, die sie verdienen, und sich dabei doch insgeheim nach der Liebe sehnen, die ihnen fehlt.

Es könnte anders sein. Wenn Männer maskulin sind, können Frauen sich entspannen. Sie fühlen sich befreit von dem ständigen Druck, alles aufrechterhalten zu müssen. Sie können erleben, wie schön es ist, eine Frau zu sein, die zuerst an das Wohl ihres Partners denkt, denn sie haben einen Mann, der ihnen dazu die Freiheit gibt. Wenn Frauen feminin sind, gewinnen ihre Männer Selbstvertrauen, wenn sie Verantwortung übernehmen, und fühlen sich in tiefer Liebe und großer Achtung zu ihrer Frau hingezogen. Die Anteilnahme und Liebe ihrer Frau bedeutet ihnen mehr als langersehnte Ehre und Erfolg. Sie fühlen sich im tiefsten Bereich ihres Wesens gestärkt, dort, wo nur ihre Frau sie mit ihrer Weiblichkeit erreichen kann.

Wir sollten die Möglichkeiten einer tiefen und vertrauensvollen ehelichen Beziehung weder überbewerten noch unterschätzen. Keine Ehe wird jemals ganz von Selbstzentriertheit frei sein. Aber wir können einen Vorgeschmack davon bekommen, wie wunderbar eine solche Beziehung sein kann, und sehnen uns danach, dem Plan unseres Schöpfers immer mehr zu entsprechen. Und wenn wir uns darum bemühen und uns immer stärker auf unseren Partner statt auf uns selbst ausrichten, dann kommt dieser Vorgeschmack immer häufiger und bleibt immer länger, so daß wir schließlich diese vertrauensvolle Beziehung einigermaßen beständig halten und uns daran freuen können.

Die Freude an einer guten Beziehung rührt Bereiche unseres Wesens an, die sonst nichts erreichen kann. Zwar verspüre ich für kurze Zeit ein deutliches Gefühl der Freude, wenn mir unerwartet Geld in den Schoß fällt. Aber die Freude über die Nähe und Verbundenheit mit einem anderen Menschen liegt auf einer ganz anderen Ebene. Die Erfahrung einer Beziehung ist stiller und zugleich viel aufregender, so wie der kraftvolle und majestätische Klang eines mächtigen Wasserfalls anders ist als der donnernde Lärm einer Rockkonzertes. Letzteres versetzt in wilde Aufregung (und mir bereitet es außerdem Kopfschmerzen), ersteres berührt etwas tief in uns. Nur ein Dummkopf würde ein oberflächliches Vergnügen der Bewegung im tiefsten Bereich seiner Seele vorziehen. Nichts ist so wichtig wie eine Beziehung.

Und wenn es etwas Maskulines am Mann und etwas Feminines an der Frau gibt, das ein Ehepaar auf einzigartige Weise genießen kann, dann lohnt es sich, über die Bedeutung dieser Begriffe nachzudenken.

Ich möchte meine Gedanken als unvollendete, undogmatische Überzeugungen darstellen, aber immerhin als Überzeugungen, die *mir* eingeleuchten und mir geholfen haben und darum hoffentlich auch anderen einleuchten und ihnen helfen können.

Ein Punkt in der Beziehung zwischen Mann und Frau ist dabei besonders wichtig. Viele Menschen könnten besser nach Gottes Willen miteinander leben, und es gäbe weniger frustrierte Verwirrung und hitzige Diskussionen, wenn wir dieses Grundprinzip im Kopf behalten würden: Wahre Männlichkeit und Weiblichkeit entwickelt sich nur dann, wenn wir in ethisch verantwortungsvoller Weise mit einander umgehen.

Miteinander umgehen

Es ist interessant zu beobachten, daß Gott uns nicht vor sexuellen Perversionen bewahrt, wenn wir seine Herrschaft über unser Leben ablehnen.[1] Im ersten Kapitel des Römerbriefes führt Paulus die Entstehung unnatürlicher sexueller Praktiken auf die Weigerung des Menschen zurück, Gott die Ehre zu geben (V.21-23).

Weil Gott die Menschen »dahingab« an das, was nicht seinem ursprünglichen Plan entsprach, wurden die jedem Geschlecht eigentümlichen sexuellen Triebe in die falsche Richtung gelenkt, und es entstanden Praktiken, die Paulus als »unnatürlich« bezeichnet. Paulus beschreibt die Entstehung pervertierter Begierden als einen Abschnitt in einer ganzen Folge von Geschehnissen:

Erstens: die Menschen lehnen Gott ab und wollen ihn nicht anbeten und verehren (V.21).

Zweitens: sie tauschen Gott gegen ein Bild von sich selbst ein, sie verlassen sich auf ihre eigenen Kräfte, um das Leben zu bewältigen und zu erhalten (V.25).

Drittens: sie verlieren ihre Wahrnehmungsfähigkeit (V.21.22). Weil wir als Menschen geschaffen wurden, die in Beziehungen miteinander leben, führt dieser Verlust der Wahrnehmungsfähigkeit dazu, daß wir ein falsches Verständnis davon haben, wie wir miteinander umgehen sollen.

Viertens: obwohl sie absolut im Unrecht sind, meinen sie, sie hätten Recht (V.22.23).

Fünftens: der erste klare Hinweis darauf, daß sie auf dem falschen Weg sind, ist der Zusammenbruch der Beziehung zwischen den Geschlechtern (V.24-27). Gottes Plan für den sexuellen Umgang der Menschen wird zu einer rein erotischen Leidenschaft trivialisiert und durch Unzucht und Perversion verdorben.

Sechstens: die Menschen verhärten sich in ihrer Rebellion. Nachdem sie ihre sexuelle Natur verdorben haben, infizieren sie alle Beziehungen zu anderen mit ihrer Bosheit (V.18-31).

Siebtens: durch ihre Arroganz fordern sie Gottes Gericht heraus. Sie kümmern sich nicht darum und freuen sich sogar, wenn andere ihren Lebensstil übernehmen.

Zwei Punkte in dieser Abfolge müssen wir hervorheben.

Erstens: Die Selbstzentriertheit setzt den ganzen Prozeß in Gang. Die Grundsünde ist unsere arrogante Einbildung. Wir setzen das eigene Wohlergehen an die erste Stelle und verlassen uns stur auf unsere eigenen Kräfte, wenn es darum geht, für unsere Seele zu sorgen.

Zweitens ist es wichtig zu sehen, daß Gottes Gericht zuerst zum Mißbrauch und zum falschen Umgang mit unserer Geschlechtlichkeit führte. Selbstzentriertheit ist die Wurzel allen Übels und sexuelle Verirrung die erste Konsequenz daraus. Wenn wir uns nicht vor Gott beugen wollen und unser ständiges Drehen um uns selbst als Sünde bekennen, dann beharren wir auf einem falschen Verständnis dessen, wie wir in dieser Welt als Männer und Frauen zusammenleben sollen. Unsere Sexualität kann so verzerrt werden, daß die gottgewollte Sehnsucht von Mann und Frau von einer verdorbenen und pervertierten Begierde überlagert wird.

Männlichkeit und Weiblichkeit zu verstehen beginnt damit, daß wir lernen, was eine andere Person braucht, und es ihr geben, wenn wir es können. Es fängt nicht damit an, daß wir uns *selbst* verstehen.

Geben wir in erster Linie anderen, was sie brauchen, anstatt darüber nachzugrübeln, wer wir sind, dann treten die wertvollsten, echtesten und wesentlichsten Bereiche unseres Wesens zutage. Wenn wir menschliche Not erkennen und aus Mitleid helfen wollen, bekommen wir den Mut, das Beste zu geben, was wir haben.[2]

Wahre Männlichkeit und Weiblichkeit entfaltet sich erst, wenn wir die Bedürfnisse anderer an die erste Stelle setzen.

Je besser ein Mann eine Frau versteht und je mehr der Heilige Geist in ihn dem Wunsch weckt, ihr zum Segen zu sein, um so *männlicher* wird dieser Mann. Und er wird sich dessen kaum bewußt sein. Wenn man ihn bittet, Männlichkeit zu definieren, wird er eine Weile nachdenken müssen, bevor er antwortet.

Umgekehrt, je mehr eine Frau einen Mann versteht und es sich zum Ziel macht, alles für ihn zu tun, was in ihrer Macht steht, um so *weiblicher* wird sie ganz von selbst werden. Wir können unser Mann- bzw. Frausein erst verstehen und genießen, wenn wir uns bewußt mit unserem unterschiedlichen Wesen in den Dienst anderer stellen.

Darum möchte ich nun eine vorläufige Definition von Männlichkeit und Weiblichkeit geben: *Männlichkeit und Weiblichkeit ist das, was in einem Mann und einer Frau entsteht, wenn sie ihre Selbstzentriertheit nicht entschuldigen, sondern Buße tun, sobald sie sie erkennen, und wenn sie lernen mit anderen so umzugehen, wie Christus es tut, nämlich sich mit ganzer Kraft für das Wohl des anderen einzusetzen.* Man kann noch mehr über unsere geschlechtliche Identität sagen, aber dies ist wohl das Wichtigste.

Wenn Sie Probleme in Ihrer Ehe haben, dann rate ich Ihnen nicht, daß Sie mit aller Kraft versuchen, nach einer bestimmten Definition von Mann- bzw. Frausein zu leben oder sich in die Rollen einzufügen, die Ihre Definition mit sich bringt. Ich rate Ihnen auch nicht, herauszufinden, was für eine männliche bzw. weibliche Person Sie sind, welche Interessen, Talente und Begabungen Sie haben und wie Sie diese stärker zum Ausdruck bringen und alle Hindernisse aus dem Weg räumen können.

Ich rate Ihnen eher, sich Ihre Partnerin oder Ihren Partner genau anzusehen, herauszufinden, wo er oder sie verletzt und frustriert ist, und dann alles zu tun, was in Ihrer Macht steht, um ihr bzw. ihm zu helfen. Die Hindernisse, die Sie dabei aus dem Weg räumen müssen, sind nicht solche, die Ihre Selbstverwirklichung verhindern, sondern solche, die sich Ihrem Ausgerichtetsein auf den Partner in den Weg stellen.

Wenn Sie diesem simplen Ratschlag folgen, können Sie Ihr wahres Selbst vollständig genießen, egal ob Sie männlich oder weiblich sind.

Lernen, den anderen Menschen an die erste Stelle zu setzen, ist die Grundlage der Beziehung zwischen Mann und Frau. Die Bibel legt jedoch nicht nur ein Fundament. Sie leitet uns auch dazu an, genauer darüber nachzudenken, was es heißt, ein Mann oder eine Frau zu sein.

Ich möchte nun näher beschreiben, was unser Mann- bzw. Frausein kennzeichnet. Dann können wir besser verstehen, wie wir als Männer bzw. Frauen so leben können, daß wir zuerst das Wohl des anderen im Blick haben. Als Grundlage dient mir dabei die Lehre von der Dreieinigkeit, der biblische Bericht von der Schöpfung und dem Sündenfall sowie die unterschiedlichen Aufgabenbereiche, die Mann und Frau zugeteilt werden.

Männlichkeit

Wann fühlt ein Mann sich am meisten als Mann? Was macht ihn froh, daß er ein Mann ist, dankbar, daß er lebt, weil er sein Mannsein auf einzigartige Weise genießen kann?

Weil Gott uns *für* die Beziehung schuf, weil wir *in* der Beziehung den Sinn unseres Daseins finden und weil die tiefste Freude in unserem Leben *durch* Beziehungen entsteht, kommt auch Männlichkeit in der Beziehung am tiefsten zum Ausdruck. In der Beziehung findet der Mann die Erfüllung. Aber was bedeutet das, was wir so beiläufig *Männlichkeit* nennen?

Zwei Elemente gehören dazu: ein ruhiges Selbstvertrauen, wenn der Mann durchs Leben geht und seine Ziele zu verwirklichen sucht, in dem Bewußtsein, daß er etwas Einzigartiges zu geben hat; und eine sanfte Sensibilität anderen gegenüber, die ihn bereit macht, entschieden für andere einzutreten und Opfer zu bringen. Beides wollen wir nun genauer betrachten.

Obwohl Gott sowohl dem Mann als auch der Frau die Herrschaft über die Erde anvertraute, kann man sich dem Eindruck nicht entziehen, daß Gott vom Mann in anderer Weise erwartete, in die Welt hinauszugehen, als von der Frau. Nach dem Sündenfall strafte Gott Adam damit, daß er bei seiner Arbeit in der Welt Schwierigkeiten haben würde. Das Gericht über ihn war nicht, daß er überhaupt arbeiten mußte, sondern daß die Arbeit nicht leicht von der Hand gehen würde.

Das Gericht über Eva dagegen bezog sich auf ihre Beziehung zum Mann. Sie bringt die Kinder zur Welt und muß sich darum bemühen, in der Beziehung zu ihrem Mann glücklich zu werden (1. Mose 3,16-19).

Gottes Gericht über Mann und Frau war weder maßlos noch lieblos. Gott wollte Adam und Eva (und ihre Nachkommen) davon abhalten zu glauben, sie könnten ihr Leben ohne ihn bewältigen. Er wollte ihnen zeigen, daß es die vollkommene Freude erst im neuen Himmel und auf der neuen Erde geben würde. Er schränkte ihre Freiheit ein, damit sie in Verzweiflung gerieten und wieder zu ihm zurückkehrten.

Wir können deshalb annehmen, daß Gott mit seinem Gericht über Mann und Frau den innersten Kern ihrer Existenz traf. Für Adam bedeutete dies, Kämpfe austragen zu müssen, wenn er sich in die Welt hinauswagte; für Eva hieß es, Schmerzen zu leiden in ihrer Beziehung zu Adam.

Die Anweisung des Paulus an die älteren Frauen, sie sollten die jüngeren lehren, »häuslich« zu sein (Titus 2,5), legt außerdem nahe, daß die Verantwortungsbereiche von Mann und Frau in gewisser Hinsicht unterschiedlich sind, wenn sie sich auch stark überschneiden.

Dieser Gedanke wird oft mißbraucht. Kein Manager oder Geschäftsmann darf diesen Text benutzen, um sein langes und hartes Arbeiten im Büro zu rechtfertigen und seiner Frau zu Hause alles allein zu überlassen. Auch Pastoren und Missionare dürfen nicht glauben, ihre Berufung zum Dienst befreie sie für das »Reich Gottes«, während ihre Frauen die Kinder alleine erziehen.

Gott warnt Ehemänner ausdrücklich, sich nicht so sehr außerhalb der Familie zu engagieren, daß sie ihre Pflichten zu Hause vernachlässigen (1.Timotheus 3,4; 1.Petrus 3,7). Und er macht deutlich, daß die Verantwortung des Mannes zu Hause mehr umfaßt als nur die materielle Versorgung. Gott gebietet dem Mann, seine Frau nach dem Vorbild dessen zu lieben, der alles geopfert hat, auch seine erhabene Stellung, um die Hindernisse zu beseitigen, die seine Braut zwischen sich und ihm aufgerichtet hatte. So hat er eine tiefe Beziehung aufgebaut, an der beide sich freuen können (Epheser 5,21-33).

Die Weisungen an den Mann umfassen insbesondere: für seine Frau zu sorgen (ihre Bedürfnisse zu erfüllen), sanft mit ihr umzugehen und auf ihre Gefühle Rücksicht zu nehmen (Epheser 5,28-29; 1.Petrus 3,7), sei es in der zärtlichen, intimen, lebenschaffenden körperlichen Beziehung oder bei Entscheidungen, die er im Vertrauen auf Gott zu fällen hat. Natürlich erleben die meisten Männer schwere Zeiten der Unsicherheit, aber solange sie in allen äußeren Wirren die innere Zuversicht bewahren können, daß die Probleme sich lösen lassen, bleibt auch das Gefühl der Männlichkeit erhalten.

Eine Frau wird sich nicht oder nicht lange in der Gesellschaft eines zu selbstsicheren Mannes wohlfühlen, der nie an sich zweifelt und dessen Selbstbewußtsein sich auf den Glauben gründet, er könne jedes seiner egoistischen Ziele erreichen. Der erfolgreiche, talentierte, attraktive Mann, der seine Schwächen nicht zeigen kann und kein Gespür für die Gefühle seiner Frau hat, wird ihre Zuneigung nicht gewinnen. Ein echter Mann ist weder ein Macho noch ein Schwächling.

Ein Mann ist *männlich*, wenn er mit Vertrauen auf Gott und zielbewußt durchs Leben geht, wenn das Ziel, das er verfolgt, größer ist als er selbst. Und wenn dieses Ziel mit dem Plan Gottes übereinstimmt, dann wird er in seiner Beziehung zu anderen nicht selbstsüchtig sein, sich nicht gehen lassen und niemanden unter Druck setzen; er wird vielmehr eine verstärkte Sensibilität anderen gegenüber entwickeln und sich ohne überstürzte Entschlüsse für sie einsetzen; er läßt sich weder aufhalten noch manipulieren. Wenn er aber Bestätigung und Applaus von anderen sucht, um sein über- oder unterentwickeltes Ego zu stärken, so verringert dies den positiven Einfluß, den seine Männlichkeit auf ihn und andere ausübt.

Ein Mann, der die Ehre Gottes sucht und sich vor allem für andere einsetzt, wird eine innere Stabilität erleben, die ihn sicher durch emotionale Höhen und Tiefen trägt (vor denen er deshalb keine Angst mehr zu haben braucht). Er wird das Verlangen nach einer sanften, fürsorglichen, vertrauensvollen Beziehung zu anderen Menschen haben, besonders zu seiner Frau. In dieser Beziehung fühlt seine Frau sich geborgen, in dem Bewußtsein, daß er sie mehr liebt und schätzt als seine besten Errungenschaften.

Männlichkeit hängt nicht so sehr damit zusammen, was ein Mann tut, sondern daß er es tut und daß er es aus einem bestimmten Grund tut. Kleine Dinge, wie zum Beispiel seiner Frau den verspannten Nacken zu massieren, können »männlich« sein, selbst wenn ein anderer Mann oder eine Frau ihr diesen Dienst ebenso und vielleicht sogar besser erweisen könnte. Aber wenn der Mann es selbst tut, zeigt er damit bewußt, daß er ein Gespür für die Bedürfnisse seiner Frau hat, und dies werden sowohl er als auch sie als »männlich« empfinden.

Ein maskuliner Mann weiß, und zwar mehr mit einem Gefühl der Dankbarkeit als des Stolzes, daß er etwas Positives bewirken kann, wenn er sich in seine Welt hineinbegibt, und daß das, was er zu geben hat, dann den größten Respekt verdient, wenn er dadurch die Sehnsucht im Herzen seiner Frau stillt. Männlichkeit macht einen Mann fähig, entschieden und mitfühlend auf die Welt und auf seine Familie und seine Freunde zuzugehen, in der fröhlichen Gewißheit, daß er sich für ein gutes Ziel einsetzen kann.

Indem ein Mann seine Männlichkeit im Dienst für andere einsetzt, erlebt er eine so große Erfüllung, daß egoistische Errungenschaften und unmoralische Vergnügen für ihn weniger anziehend sind. Nichts schenkt einem Mann mehr Freude, als wenn er seine Frau in einer Weise berühren kann, die ihr als Frau Freude und Zuversicht schenkt und sie frei macht, das zu genießen, was sie ist und noch werden kann.

Wir können Männlichkeit also meiner Meinung nach umschreiben als *das befriedigende Bewußtsein, daß Gott etwas in das Wesen des Mannes hineingelegt hat, mit dem er dazu beitragen kann, den Plan Gottes in dieser Welt voranzubringen, und das von anderen, vor allem von seiner Frau, zutiefst geschätzt wird als ein weises, sensibles, mitfühlendes und entschlossenes Engagement, auf das man sich verlassen kann.*

Weiblichkeit

Wir dürfen Weiblichkeit nie so oberflächlich definieren wie etwa, daß es für eine Frau »unfeminin« wäre, eine kompetente und geachtete Ärztin, Managerin oder Theologin zu sein. Weiblichkeit sollte auch nicht unbedingt mit Kochen, attraktiver Kleidung und einer sanften, unterwürfigen Haltung in Verbindung gebracht werden. Weiblichkeit hat so wie Männlichkeit mehr damit zu tun, wie eine Frau sich in ihren Beziehungen zu sich selbst und zu anderen verhält.

Eine Frau, die nach dem Willen Gottes leben möchte, ist mehr daran interessiert, was sie anderen geben kann, um deren Bedürfnisse zu erfüllen, als ihre eigenen Talente zu entwickeln. Sie weiß, daß das, was sie als Frau geben kann, vor allem von dem abhängt, was in ihrem Herzen vorgeht und ihre Beziehung zu anderen beeinflußt.

Ein Mann fühlt sich männlich, wenn er weiß, daß sein Wesen eine Gabe Gottes ist, mit der er voll innerer Sicherheit auf andere Menschen zugehen kann. Eine Frau fühlt sich dann besonders weiblich, wenn sie ihre Gabe, Beziehungen zu stärken und andere Menschen zu ermutigen, entfalten kann, indem sie andere dazu einlädt, den Segen einer Beziehung zu erleben.

Eine Frau ist nicht so sehr auf Leistung ausgerichtet, um Erfüllung zu finden (obwohl sie sich über eine bestandene Prüfung genauso freuen kann wie ein Mann). Viel wichtiger für sie ist es, etwas von sich selbst zu verschenken, um eine Beziehung zu fördern und zu vertiefen. Ihr Schwerpunkt liegt nicht darauf, in die Welt hinauszugehen, sondern in eine Beziehung einzutreten.

Die Forscherin Carol Gilligan vertritt die These, Frauen besäßen einen anderen Zugang zum Leben als Männer. Sie hat Frauen interviewt, die beruflich sehr erfolgreich waren, und faßt ihr Ergebnis so zusammen:

»Als Antwort auf die Frage, wie sie sich selbst beschreiben würden, gingen alle Frauen auf eine Beziehung ein, in der sie standen, und beschrieben ihre Identität in Verbindung mit ihrem Leben als zukünftige Mutter, als Ehefrau, als adoptiertes Kind oder frühere Geliebte. Diese überaus erfolgreichen Frauen erwähnten nicht ihre akademische und berufliche Karriere, um sich selbst zu beschreiben. Wenn sie überhaupt davon sprachen, dann sahen sie ihren Beruf eher als Gefährdung für ihre Persönlichkeit an...Identität wird in Verbindung mit Beziehungen definiert.«[3]

Sie schreibt weiter, daß Männer sich selbst mehr als eigenständige Individuen sehen, die etwas erreichen wollen; sie finden ihre Identität nicht in erster Linie in Beziehungen und Bindungen.[4]

Der Gedanke der Eigenständigkeit, der Leistung und des Hineingehens scheinen eher im Wesen des Mannes verwurzelt zu sein, während Beziehung, Bindung und Einladung deutlicher zum Wesen der Frau gehören.

Vor einiger Zeit erhielt ich einen Brief von einem Ehepaar,

in dem die beiden berichteten, wie sich ihre Beziehung entwickelt hatte. Die unterschiedlichen Schwerpunkte, die sie dabei setzten, verdeutlicht das bisher Gesagte. Die Frau schrieb in ihrem Brief unter anderem:

»Zwei wichtige Dinge wachsen jetzt auf dem guten Fundament [dem früheren Wachstum]: Erstens bin ich fähig, meine Schwächen so erstaunlich klar und auch schmerzlich zu erleben, daß ich zu wahrer Buße und Zerbrochenheit geführt werde. Obwohl die Realität meiner Sündhaftigkeit manchmal erdrückend ist, bin ich oft mitten im Leid sehr dankbar dafür, daß ich an diesem Punkt angekommen bin. Zweitens habe ich das große Verlangen, *mit ausgestreckten Händen dazustehen und andere zum wahren Leben einzuladen.* Weil ich die Wahrheit und Aufrichtigkeit gelernt und erfahren habe, kann ich anderen vertrauensvoll sagen: ›Kommt aus dem Tod ins Leben!‹ Was für ein Vorrecht! Was für eine hohe Berufung!« (Hervorhebung L.C.)

Ihr Mann drückte sich in dem Brief ganz anders aus, sein Schwerpunkt lag auf seinem Dienst:

»Ich glaube, *wir stehen kurz vor dem Durchbruch und verkündigen das Evangelium* ganz zentral und ansprechend. Ich schreibe das mit Demut und Dankbarkeit, weil ich eine stille und starke Umwälzung im Leben von Menschen sehe, die sich von den nutzlosen Götzen zum lebendigen Gott bekehrt haben. Dies alles bedeutet mir sehr viel.« (Hervorhebung L.C.)

In diesem persönlichen Briefwechsel mit Freunden fällt auf, daß die Frau ihren Mann als Mann erlebte aufgrund seines starken Engagements bei der Arbeit und seiner sensiblen Zuwendung ihr gegenüber. Sie schrieb: »Du würdest Gott danken, wenn du ihn so sehen könntest. Es ist, als ob die wunderbaren Gaben, die Gott ihm geschenkt hat, freigesetzt werden und er als Mensch, als Mann, geradezu aufblüht. Wir haben keine Angst mehr voreinander, es ist so eine schöne Freiheit, wie Spiegel füreinander zu sein und einander aktiv im geistlichen Wachstum zu fördern.«

Der Unterschied ist deutlich. Die Frau sieht sich selbst als jemanden, der andere dazu einlädt, Jesus Christus durch sie kennenzulernen. Der Mann sieht sich als jemanden, der mit starker Kraft auf andere zugeht. Ich glaube, es ist nicht übertrieben, die körperliche Geschlechtlichkeit als wunderbares Bild für die persönliche Geschlechtlichkeit zu betrachten: Männer finden Erfüllung, wenn sie sich kraftvoll in etwas hineinbegeben; Frauen fühlen sich wohl, wenn sie voll Wärme einladen können.

Weiblichkeit können wir in ihrem Kern also als das Geborgenheit schenkende Bewußtsein umschreiben, daß Gott etwas in das Wesen der Frau hineingelegt hat, das sie fähig macht, andere Menschen voller Zuversicht und Wärme einzuladen zu einer Beziehung mit Gott und mit ihr, in dem Wissen, daß jede Beziehung eine großartige Bereicherung ist.

Diese Gedanken über Männlichkeit und Weiblichkeit sind weder präzise genug, um als Definitionen zu gelten, noch vollständig genug, um auf alle Fragen der Beziehung zwischen Männern und Frauen anwendbar zu sein. Sie können jedoch als Grundlage für weitere Diskussionen dienen.

Kapitel 10

Einander einzigartig und in Freiheit lieben

Mit einer gewissen Vorstellung davon, was Männlichkeit und Weiblichkeit bedeutet, können wir nun die Fragen beantworten, die wir uns in Kapitel 7 über Mike und Debbie gestellt haben. Mike hat also Marihuana im Wagen seines Sohnes Todd gefunden. Debbie weiß nichts davon. Soll Mike es ihr erzählen?

Debbie verwaltet die Finanzen der Familie, darum weiß sie, wie bedrohlich ihre Geldprobleme sind. Aber immer wenn sie auf das Thema zu sprechen kommt, wird Mike wütend. Soll sie ihm erzählen, wie schlimm die Situation wirklich ist, oder soll sie lieber still leiden?

Will ein Paar nicht nur die schweren Zeiten überstehen, die im Leben unvermeidlich kommen, sondern auch Freude aneinander haben, dann muß jeder Partner wissen, was er dem anderen geben kann, um die Beziehung zu stärken. Wenn es Mike und Debbie darum geht, einander gegenseitig den ersten Platz einzuräumen, können wir fragen: Was besitzt Mike als Mann, wonach Debbie als Frau sich sehnt? Und was besitzt Debbie als Frau, wonach Mike als Mann sich sehnt?

Gibt es einen Unterschied zwischen Mann und Frau, mit dem sie sich gegenseitig Freude bereiten können, einen Unterschied in dem, was sie geben können, und in dem, was sie empfangen möchten? Wenn es eine Parallele zwischen der körperlichen und der persönlichen Beziehung gibt, wie im letzten Kapitel angedeutet, dann wünschen Frauen sich vielleicht einen starken Mann, der sich für sie einsetzt und sie dazu befreit, ihre Einzigartigkeit als Frau genießen zu können. Und vielleicht möchten Männer mit Gelassenheit und Vertrauen in ihre Welt hineingehen und dabei von ihrer Frau zutiefst geachtet werden. Gelingt dies, ergänzen sie sich vollkommen.

Wenn Mike sich vertrauensvoll und voll Eifer für Debbie einsetzen würde (»Weil ich für dich bin, möchte ich wissen, wonach du dich sehnst, und alles tun, um deine Sehnsucht zu stillen«), dann würde Debbie spüren, daß es ihm um ihr Wohl geht. Ob er ihr von Todds Drogenmißbrauch erzählt oder nicht, ist nicht der zentrale Punkt. Wichtig ist nur, welche Motivation hinter seiner Entscheidung steht.

So oft erzählen Ehemänner eine schlechte Nachricht zusammen mit einem Vorwurf: »Es ist alles deine Schuld! Wenn du unseren Sohn nicht so verwöhnt hättest, wäre das nie passiert.« Oder wenn sie die Nachricht für sich behalten, kommen sie sich sehr edel vor, weil sie die Last allein tragen, und verachten damit insgeheim ihre Frau.

Wir müssen aufhören zu denken, es gebe immer nur eine richtige Verhaltensweise in einer Situation. Bevor wir die Weisheit haben, eine Entscheidung zu fällen, müssen wir das Wohl des Partners im Blick haben und sensibel dafür werden, was das Beste für ihn ist. Es wäre unmöglich, eine Art Handbuch für Ehemänner zu schreiben, das ihnen klare Anweisungen gibt, was sie in jeder Situation zu sagen oder zu verschweigen haben.

In einer Beziehung nach den Weisungen der Bibel zu leben bedeutet, Mut zu riskanten Entscheidungen zu haben, die aus einem Herzen kommen, das vor allem dem anderen etwas schenken will. Wir werden kein Vertrauen und keine Wärme in unsere Beziehungen bringen, wenn wir uns nur nach einem bestimmten Verhaltenskodex benehmen.

Geht es Mike in erster Linie um seine Frau und weiß er, daß sie sich nach der zärtlichen Stärke seiner Männlichkeit sehnt, dann wird Debbie sich von ihm zutiefst geliebt und umsorgt wissen, egal ob er ihr von Todds Drogenmißbrauch erzählt oder nicht.

Und Debbie? Was kann sie Mike geben?

Männer sind anders als Frauen. Sie brauchen zu ihrer Ermutigung keine starke Person, die sich für sie einsetzt und auf sie zugeht, sondern eine Frau, die ihre Bemühungen, die Aufgaben des Lebens zu erfüllen, schätzt und respektiert.

Ein guter Freund erzählte mir einmal von einem Spaziergang

mit seiner Frau im Wald. Er trug die kleine Tochter auf dem Rücken. Als es einen steilen Hügel hinaufging, rief seine Frau, die ein paar Meter hinter ihm war: »Sei vorsichtig!«

Sofort war er verärgert. Warum? Als wir darüber sprachen, wurde deutlich, daß er ihre Warnung folgendermaßen interpretiert hatte: »Ich weiß nicht, ob ich dir unsere Tochter anvertrauen kann. Du handelst manchmal so verantwortungslos. Wenn ich dich nicht ermahnen würde, vorsichtig zu sein, so wie eine Mutter ihren ungehorsamen Jungen zurechtweist, würdest du wahrscheinlich irgend etwas Dummes tun.« Er hörte also aus ihren Worten die Sorge heraus, er als Mann verhalte sich nicht angemessen.

Egal ob er richtig oder falsch gehört hatte, seine Verantwortung gegenüber seiner Frau wäre es gewesen, ihre Sehnsucht nach einem Mann, der sie in einer unsicheren Welt schützt, zu stillen. Darum hätte er ihr ganz freundlich versichern können, daß er auf die Tochter, die der Mutter so viel bedeutete, besonders gut aufpassen würde. Seine Frau wütend anzufahren, wäre unentschuldbar selbstzentriert gewesen.

Aber auch die Frau hätte sich anders verhalten können. Ihre Verantwortung gegenüber ihrem Mann wäre es gewesen, ihn mit Achtung und Wärme zu umgeben. Hätte sie auf seine Sehnsucht, respektiert zu werden, Rücksicht genommen, dann wäre ihre Ermahnung, vorsichtig zu sein, nicht in einem abwertenden, bissigen Tonfall gekommen.

Ähnliches gilt für Debbie. Mike sehnt sich nach mehr innerer Gewißheit, daß er für seine Familie sorgen und Debbie Freude bereiten kann. Wüßte Debbie, daß ihr Mann ihr all das geben kann, was sie braucht, und daß er selbst sich danach sehnt, ihr Freude zu bereiten, könnte sie ihn zu einer tieferen Beziehung einladen, indem sie klar zum Ausdruck bringt, wie gern sie seine Frau ist.

Eine solche Einladung ist riskant. Debbie begibt sich damit in eine verletzliche Position, wo Mike sie noch tiefer verwunden könnte, wenn er wollte. Aber die Einladung kann auch Mike die Sicherheit zu geben, daß er das Leben seiner Frau bereichern kann und ihr sehr viel bedeutet, auch wenn sein Einkommen nicht hoch ist. Und vermitteln ihre Stimme und ihr

Blick ihm auch noch, daß sie ihn schätzt und respektiert und sich darum bemüht, sein Gefühl der Männlichkeit zu stärken, dann wird Mike sich weitaus weniger bedroht fühlen durch ein offenes Gespräch über die finanziellen Probleme.

Wurden Männer dazu geschaffen, in ihre Welt mit dem demütigen, aber festen Vorsatz hineinzugehen, Gutes zu tun, und wurden Frauen dazu geschaffen wurden, Menschen in ihre Welt einzuladen, um die Freude einer Beziehung zu erleben, so ist das vielleicht die Grundlage, von der wir darüber nachdenken können, wie Männer und Frauen sich gegenseitig mit ihren Unterschieden bereichern können. Dann können wir auch das Prinzip der Führung und Unterordnung verstehen, nämlich nicht als bloße Rollen, denen wir uns anzupassen haben, sondern als Möglichkeit, unsere Unterschiedlichkeit zu genießen.

Führung und Unterordnung geben uns die Chance, die jeweiligen Sehnsüchte unseres Partners zu stillen, indem wir das geben, was nur wir ihm geben können.

Drei Beispiele

Sehen wir uns einmal die folgenden typischen Ehekonflikte an und überlegen, wie man sie lösen könnte, wenn die Beteiligten Führung und Unterordnung verstehen würden als Dienst am anderen, der die Unterschiede ihres Wesens zum Ausdruck bringt.

Beispiel 1

»Ich bin der Meinung, unsere Familie sollte umziehen. Meine Frau möchte aber hier bleiben, damit die Kinder näher bei ihren Großeltern sind. Ein Umzug könnte aber für meine Karriere sehr wichtig sein. Und außerdem leben wir sowieso 300 Kilometer weg von den nächsten Großeltern. Der Ort, wohin ich ziehen möchte, ist zwar mehr als doppelt so weit entfernt, aber das bedeutet nur einen etwas längeren Flug. Und mit einer besseren Stelle könnte ich mir das leisten. Aber sie wird immer gleich so emotional, sobald ich den Umzug auch nur erwähne. Ich weiß nicht, was ich tun soll.«

Beispiel 2

»Es ist eigentlich nur eine Kleinigkeit, aber es passiert dauernd, darum ist es vielleicht wichtig. Gestern abend waren mein Mann und ich sehr erschöpft. Wir hatten beide ein paar harte Tage hinter uns gehabt und wollten nur noch vor dem Fernseher entspannen. Er setzte sich in den großen Sessel, den er so gern hat, und ich legte mich auf die Couch und deckte mich zu.

Gerade als wir es uns gemütlich gemacht hatten, klingelte das Telefon. Keiner von uns stand auf. Nach dem dritten Läuten sagte mein Mann in seinem müdesten Tonfall: ›Liebling, kannst du nicht rangehen?‹

Ich wurde sofort wütend. Ich hatte es ja schon geahnt, daß er mich bitten würde aufzustehen. Aber ich war auch müde, und ich habe das Gefühl, daß ich ihn immer bedienen muß. Er meint wohl, das sei meine Aufgabe. Also sagte ich: ›Ich habe es mir gerade bequem gemacht. Es wäre schön, wenn du mal gehen würdest.‹

Man hätte meinen können, ich hätte ihn gebeten, um Mitternacht einkaufen zu gehen. Er starrte mich eine Sekunde lang mit tiefster Verachtung an, dann stand er auf. Aber als er zum Telefon kam, hatte es aufgehört zu läuten. Wir redeten kaum noch miteinander an dem Abend. War ich im Unrecht? Soll ich das Telefon abnehmen, nur weil er es mir sagt?«

Beispiel 3

»Meine Frau regt sich immer über die kleinsten Dinge auf, und zwar sehr. Sie schreit und brüllt wegen nichts. Meistens wird sie einfach kalt mir gegenüber und schmollt für ein paar Stunden, manchmal sogar für ein paar Tage. Und meistens geht es nur um irgendeine Kleinigkeit, die sie wütend macht, zum Beispiel wenn ich vergessen habe, einen Brief einzuwerfen, den sie mir morgens mitgeben hat. Ich weiß einfach nicht, warum sie immer so durchdreht.

Wenn ich versuche, vernünftig mit ihr zu reden oder mich zu entschuldigen, hört sie mich gar nicht an. Sie wird nur noch emotionaler und irrationaler und sagt schreckliche Dinge zu mir. Vor ein paar Monaten, als sie sich besonders aufregte, drohte sie mir sogar mit Scheidung.

Ich bin einfach ratlos. Manchmal versuche ich, besonders nett zu ihr zu sein und ihr zu helfen, oder ich necke sie ein bißchen. Vor einiger Zeit habe ich sie sogar mit einem teuren Geschenk überrascht, das ich mir eigentlich gar nicht leisten konnte. Das half ein bißchen.

Aber in anderen Situationen – und das passiert immer öfter – werde ich so zornig, daß ich aus dem Haus laufe und die Tür hinter mir zuknalle. Wenn ich ein oder zwei Stunden später nach Hause komme, ist sie gewöhnlich etwas sanfter gestimmt. Vielleicht sollte ich öfter zornig werden. Will sie denn einfach nur, daß ich härter bin?«

Wir haben über Selbstzentriertheit, Buße, Vergebung, Demut und die Unterschiede zwischen Mann und Frau nachgedacht. Nun wird es Zeit, uns zu fragen, wie wir das alles auf die tatsächliche Situation in einer Ehe anwenden können.

Was bedeutet es, daß »der Mann das Haupt der Frau« ist und daß die Frau »sich ihrem Mann unterordnen« soll (Epheser 5,22-23)? Was würde es in den drei beschriebenen Ehen bedeuten? Manchmal sind wir gezwungen, mehr über eine biblische Lehre nachzudenken, wenn wir sie auf eine bestimmte Situation anwenden sollen.

Soll der Mann, der umziehen will, alle wichtigen Faktoren in Betracht ziehen, auch die Ursachen für den emotionalen Widerstand seiner Frau, und dann eine Entscheidung treffen? Bedeutet das, Haupt zu sein? Und heißt Unterordnung für die Frau, daß sie widerspruchslos ihre Koffer zu packen hat, wenn er beschließt umzuziehen?

Und was ist mit dem Ehepaar, dem das Telefon den ganzen Abend verdarb? Sollten sie einen runden Tisch abhalten und eine Strategie für ähnliche Situationen entwerfen? Vielleicht könnten sie abwechselnd bestimmte Aufgaben übernehmen oder sie fest aufteilen. Wenn sie offener über ihre unterschwelligen Gefühle sprechen könnten, würden sie vielleicht merken, wo sie noch egoistisch oder unreif sind, und lernen, großzügiger miteinander umzugehen. Wäre das gegenseitige Unterordnung?

Und sollte der Mann im dritten Beispiel professionelle Hilfe in Anspruch nehmen? Die Probleme, die er mit seiner Frau hat, die aus ihm unerklärlichen Gründen wütend wird, können unter Umständen nicht dadurch gelöst werden, daß einer den anderen an die erste Stelle setzt. Aber denken wir doch an die Beobachtung, daß sein Türenknallen anscheinend die größte Wirkung auf sie hatte. War er einfach zu sanft mit ihr, beschwichtigte er sie, obwohl eine stärkere Führung besser angebracht gewesen wäre? Vielleicht sehnt sich seine Frau danach, in einer Stärke geborgen zu sein, die sie nie erlebt hat, und reagiert deshalb sogar auf eine schwache Imitation dessen, wonach sie sich sehnt. Sollte er sich deshalb lieber entschlossen statt sanft verhalten, wenn sie aus der Fassung gerät, sollte er mehr Direktiven geben statt Trost? Ist das männliche Führung?

Wenn wir über Führung und Unterordnung im Zusammenhang mit konkreten Eheproblemen nachdenken, können wir unsere Positionen nicht leichtfertig und schnell diskutieren. Wenn wir über reale Situationen sprechen, hilft uns das, auf den Punkt zu kommen und die zentralen Dinge klarer zu erkennen.

Der Kern der Diskussion

Bevor wir verstehen können, was Führung und Unterordnung in den beschriebenen Situationen bedeuten, müssen wir erst zum Kernpunkt unserer Diskussion vordringen und eine grundlegende Frage beantworten: Besitzt der Mann in der Ehe eine von Gott geschenkte Autorität, die seine Frau nicht hat?

Bei diesem zentralen Gedanken gehen unsere Ansichten über die Ehe wohl am weitesten auseinander. Jahrhundertelang haben Bibelleser mit der Bedeutung des Wortes *Haupt* gerungen. Ist es, so wie es in der Bibel gebraucht wird, als »Autorität über jemanden« zu verstehen, oder bedeutet es etwas ganz anderes wie zum Beispiel »Quelle«, bei der der Aspekt der Autorität nicht mitschwingt?

Welcher Ansicht wir uns auch anschließen, die meisten von uns wären sicher der Auffassung, daß kein Partner den anderen in militärischer Manier beherrschen sollte. Was auch immer Hauptsein bedeutet, »Tyrannei« bedeutet es auf jeden Fall nicht. Auch wenn das griechische Wort für »unterordnen«, das Paulus gebraucht, manchmal im militärischen Zusammenhang verwendet wurde, sind nur extreme Traditionalisten (deren Zahl hoffentlich immer kleiner wird) der Auffassung, daß Frauen ihren Männern ohne nachzudenken gehorchen sollten, so wie Soldaten die Befehle ihrer Offiziere befolgen.

Befürworter beider Positionen sind sich darüber einig, daß es vor allem um gegenseitige Unterordnung geht, die nie dadurch zerstört werden darf, daß ein Partner in egoistischer Weise Macht über den anderen ausübt, sei sie finanzieller, emotionaler, sexueller oder intellektueller Art. John Piper, der eine gemäßigt traditionelle Perspektive vertritt, schreibt, daß »reife Männlichkeit nicht in der Forderung, bedient zu werden, zum Ausdruck kommt, sondern in der Stärke, zu dienen und für das Wohl der Frau Opfer zu bringen.«[1]

Eine Gruppe, die man dem nichttraditionellen Lager zuordnen kann, bringt in einer Stellungnahme einen ähnlichen Gedanken zum Ausdruck: »In einer christlichen Familie sollten Mann und Frau sich einander unterordnen und versuchen, die Vorlieben, Wünsche und Sehnsüchte des anderen zu erfüllen. Kein Partner soll über den anderen herrschen, jeder soll dem anderen dienen und einer den anderen in Demut höher achten als sich selbst.«[2]

Diesem Punkt pflichten die meisten Christen bei. Zu Meinungsverschiedenheiten kommt es, wenn es um die Frage geht, wie Ehepartner sich verhalten sollen, die in einer Sache verschiedener Ansicht sind, zum Beispiel, wie sie mit einem rebellischen Teenager umgehen oder welcher Gemeinde sie sich anschließen sollen.

Natürlich sollten Ehepartner offen und ehrlich miteinander sprechen. Aber die Ehrlichkeit muß von einfühlsamer Liebe getragen werden, bei der jeder Partner sich mit aller Kraft darum bemüht, den Standpunkt des anderen und seine tieferen Bedürfnisse, die der Meinungsverschiedenheit zugrunde liegen, zu verstehen. Die aufrichtige Bemühung zuzuhören, und dies in einer Atmosphäre gegenseitiger Unterordnung, kann zu einer für beide Parteien zufriedenstellenden, guten Lösung führen.

Aber was geschieht, wenn dies nicht der Fall ist? (In einer Ehe, in der die Partner eng miteinander verbunden sind, werden Meinungsverschiedenheiten selten gelassen und reibungslos beigelegt. Wenn zwei Menschen in einer echten Ehe miteinander leben wollen, wird es oft stürmisch zugehen. Wenn alles reibungslos verläuft, so ist das oft eher ein Zeichen von Distanz als von Reife. Das Gespräch zwischen Mann und Frau führt selten zu einer Lösung, die auf auf dem Verhandlungsweg gefunden wird. Statt dessen bietet es die Gelegenheit, wirkliche Liebe durch Opferbereitschaft zu erweisen. Darum halte ich die meisten Gesprächsanleitungen für nicht sinnvoll.) Sollte sich das Paar bei sehr umstrittenen Fragen dann an einen Dritten wenden, der eine Art Schiedsspruch fällt, damit nicht ein Partner für beide entscheiden muß? Oder gibt es in der Ehe eine Autoritätsstruktur, eine oberste Instanz, in der ein Partner die letzte Entscheidung trifft?

Traditionalisten und die Verfechter der Gleichberechtigung sind über vieles unterschiedlicher Meinung, aber nichts betrifft Ehepaare so unmittelbar und hat so große Auswirkungen auf ihre Beziehung wie diese Frage: Besitzt der Mann eine Führungsautorität, die seine Frau nicht hat?

Traditionalisten antworten: »Ja!« Er werde sie vielleicht nicht immer gebrauchen, und wenn er es täte, müßte er zutiefst sensibel sein für die Interessen seiner Frau, aber er ist die letzte Autorität in der Familie. Nach John Piper zeigt sich reife Männlichkeit darin, daß »sie die Bürde der letzten Entscheidung bei Meinungsverschiedenheiten zwischen Mann und Frau auf sich nimmt, aber nicht in jeder Situation davon Gebrauch macht.«[3]

Die Vertreter der Gleichberechtigung sagen: »Nein!« Nach ihrer Ansicht ist die Ehe eine Beziehung zwischen geschlechtlich verschiedenen, aber gleichwertigen Menschen. Dieser Gleichwertigkeit sollte dadurch Rechnung getragen werden, daß man die Führungsverantwortung nicht aufgrund des Geschlechts zuteilt, sondern »aufgrund der jeweiligen Begabung, Erfahrung und Verfügbarkeit.«[4] Kein Partner besitzt Autorität über den anderen. »In einer Situation, in der keine Entscheidung gefunden werden kann, sollten Mann und Frau nach der biblischen Methode der Konfliktlösung vorgehen, statt daß ein Partner dem anderen eine Entscheidung überstülpt.«[5]

Eine dritte Antwort

Die beiden Antworten scheinen die einzig möglichen Lösungen zu sein. Aber vielleicht gibt es eine dritte, die wichtige Aspekte aus beiden Antworten übernimmt, aber auch neue Perspektiven deutlich werden läßt. Die dritte Antwort, die meiner Meinung nach am besten dem biblischen Ideal entspricht, könnte man so in Worte fassen: *Mann und Frau besitzen beide Autorität in der Ehe.* Mit dieser Autorität haben sie eine gleichwertige Verantwortung, und zwar nicht wie ein Offizier gegenüber einem Soldaten. Mann und Frau haben die Autorität, einander in Weisheit und Liebe zu dienen. Eheleute sind von Gott dazu beauftragt, »autorisiert«, sich einander zu schenken. *Darin* besteht ihre Autorität.

Weil aber die beiden Geschlechter sich in dem unterscheiden, was sie geben sollen und was ihnen die größte Freude in einer Beziehung bereitet, sollte ihre Autorität diese Unterschiedlichkeit zum Ausdruck bringen. Der Mann dient der Frau anders als die Frau dem Mann. Im Hauptsein findet die Autorität des Mannes, seiner Frau zu dienen, ihren Ausdruck. Er soll sich engagiert um seine Frau kümmern, ihr tiefe Zuneigung schenken und Entscheidungen fällen, wenn beide nicht weiterwissen. In der Unterordnung findet die Autorität der Frau, ihrem Mann zu dienen, ihren Ausdruck. Sie soll ihren Mann einladen und unterstützen.

Diese langen Ausführungen müssen noch näher erklärt werden. Meine direkte Antwort auf die zentrale Frage, ob ein Mann eine Autorität besitzt, die seine Frau nicht hat, lautet: »Ja und nein!« Nein, es ist nicht wahr, daß der Mann Autorität besitzt und die Frau nicht. Beide haben von Gott gleichermaßen die Autorität dazu bekommen, einander zu dienen. Autorität ist zunächst die Autorität zu dienen, nicht zu führen.

Aber: Ja, es gibt auch einen Unterschied. Die Autorität des Mannes zum Dienst ist eine andere als die der Frau. Diese Unterscheidung ist nicht willkürlich festgelegt, sondern sie erwächst aus den unterschiedlichen Dienstbegabungen von Mann und Frau.

Es wäre irreführend, das Hauptsein des Mannes so zu definieren, daß der Mann das Recht hat, über seine Frau zu entscheiden und dann von ihr zu verlangen, daß sie sich unterordnet und die Entscheidung mitträgt. Wenn es bei der Führungsaufgabe des Mannes nur um die Entscheidungsgewalt ginge, müßte die Frau sich einer despotischen Autorität unterordnen. Das würde zu einer hierarchischen Ordnung führen, die eine tiefe Beziehung verhindert. Ordnung wird dann auf Kosten des Gefühls erreicht.

Aber daraus folgt nun nicht, daß weder dem Mann noch der Frau die alleinige Führungsverantwortung übertragen ist. Weil sie verschieden sind, bringen Mann und Frau ihre Autorität zu dienen unterschiedlich zum Ausdruck. Die Autorität des Mannes, seiner Frau mit seinen männlichen Gaben in Weisheit zu dienen, macht es für ihn erforderlich, sich stark für die Familie zu engagieren, sich für sie einzusetzen. Er soll ihr Liebe schenken und sie so führen, wie es seinem Verständnis nach dem Charakter Gottes und den Bedürfnissen der Familie entspricht.

Eine Frau kann ihre Autorität zu dienen dadurch zum Ausdruck bringen, daß sie im Gebet darüber nachdenkt, wie sie ihren Mann am besten ermutigen kann, wenn er sich in seine Arbeit und in die Familie hineinbegibt. Wenn sie ihre Fähigkeiten dazu einsetzt, den Plan Gottes durch ihr Leben voranzubringen, wird sie sensibel bleiben für ihre einzigartige (und darum vorrangige) Gabe, ihrem Mann zu dienen. Von ihr wird kein mechanischer Gehorsam verlangt. Vielmehr besitzt sie die wunderbare Gabe, ihrem Mann zu dienen, und sie ist frei, dies in aller Weisheit zu tun. Eine Frau dient ihrem Mann, indem sie ihn bedingungslos respektiert und sich mit Stärke und Sensibilität für ihn einsetzt, um seine Männlichkeit zu fördern.

Die Freiheit und Autorität von Mann und Frau ist die gleiche: Sie sollen die persönlichen Begabungen, die sie aufgrund ihres Geschlechts haben, für ihren Partner einsetzen.

Falls ein Mann sich ständig gegen den Willen Gottes verhält, liegt es in der Verantwortung der Frau, sich den Zielen Gottes unterzuordnen, ohne zornig zu verlangen, daß ihr Mann sich ändern muß (1.Petrus 3,1-6). Ihre tatsächliche Reaktion auf das Verhalten ihres Mannes kann von uneingeschränkter Zusammenarbeit bis hin zur klaren Verweigerung der Zusammenarbeit reichen. Sie wird sich zum Beispiel verweigern, wenn ihr Mann perverse sexuelle Praktiken von ihr verlangt oder wenn er sie schlägt. Sie muß entscheiden, was ihren Mann am ehesten zu Gott zurückführt.

Dieses Verständnis von Autorität in der Ehe wirft einige Probleme auf, von denen ich zwei besonders wichtig finde.

Erstens, bei diesem Verständnis von Autorität tragen beide Partner die Verantwortung für ihr eigenes Handeln. Keiner von ihnen kann sagen: »Er/sie hat mich dazu gebracht, das zu tun.« Und wenn Menschen die Freiheit bekommen, ihre Autorität so auszuüben, wie sie es für richtig halten, dann kann diese Freiheit auch mißbraucht werden.

Zum Beispiel könnte der Ehemann in Beispiel 1 auf den Gedanken kommen, daß es für seine Frau das beste ist, wenn sie umziehen. Er könnte sich selbst einreden, daß seine Frau in einer ungesunden Abhängigkeit von ihren Eltern lebt, die sie daran hindert, eine reife Frau und Mutter zu werden. Er könnte seinen egoistischen Wunsch, Karriere zu machen, verstecken hinter einer angeblich verantwortungsvollen Ausübung seiner Autorität des Dienens.

Die Entschlossenheit der Frau, nicht umziehen zu wollen, könnte ebenfalls ihre Sicht der Dinge verzerren. Sie könnte meinen, wenn sie mit dem Umzug einverstanden wäre, würde sie eine materialistische Neigung ihres Mannes unterstützen, die ihn eines Tages zu Fall brächte. Ihre Weigerung könnte sie also rechtfertigen als eine dem Willen Gottes entsprechende Ausübung ihrer Autorität zu dienen.

Schafft unsere Vorstellung, daß beide Partner Autorität zum Dienst besitzen, die sie nur unterschiedlich zum Ausdruck bringen, eine viel subtilere Art des Mißbrauchs als männliche Tyrannei und egoistische Selbstverwirklichung? Wie können Mann und Frau lernen, ihre Autorität so auszuüben, daß sie ihren vermeintlichen Dienst nicht als Deckmantel für ihren Egoismus benutzen? Dies ist das erste Problem, über das ich nachdenken möchte.

Zweitens beinhaltet dieses Verständnis von Autorität, daß Mann und Frau bis in die tiefsten Bereiche ihres Wesens unterschiedlich sind, sowohl in dem, was sie zu geben haben, als auch in dem, wonach sie sich sehnen. Wir haben schon über einige wichtige Unterschiede gesprochen, und ich habe dargelegt, warum ich von deren Existenz überzeugt bin. Was jetzt noch übrigbleibt ist die Frage, wie wir einander in der Ehe so dienen können, daß wir diesen Unterschieden Rechnung tragen.

Im Rest dieses Kapitels soll es um die erste Frage gehen, in den beiden letzten Kapiteln um die zweite.

Neue Maßstäbe oder ein neues Verlangen?

Die gleiche Autorität zu haben, sie aber unterschiedlich zum Ausdruck zu bringen, läßt Mann und Frau große Freiheit, und dies widerspricht dem üblichen Verständnis, wie man ein christliches Leben zu führen habe.

Manchmal denken wir, Gott sage uns nur, was wir zu tun haben, und unsere Aufgabe sei es, herauszufinden, was er meint, und uns dann anzustrengen, um es in die Tat umzusetzen. Ein gelungenes christliches Leben dreht sich demnach um zwei Pole: Gottes heiligen Maßstab, der sein vollkommenes Wesen widerspiegelt, und unsere moralische Anstrengung, die zeigt, was für gehorsame Jünger wir sind.

Nach dieser Sicht besteht unsere erste Aufgabe also darin, die Maßstäbe besser zu verstehen, nach denen wir uns zu richten haben.

Dabei verlassen wir uns gern auf Theologen, die uns genau erklären sollen, was Gott mit Hauptsein und Unterordnung meint. Weil aber Theologen manchmal zu unterschiedlichen Ergebnissen kommen, auch wenn sie eine ähnliche Ausbildung haben, halten wir uns lieber treu an *einen* Lehrer, um nicht verwirrt zu werden. Folglich sitzen Woche um Woche Tausende von aufrichtigen Christen unter den Kanzeln von Predigern, die es sich zum vorrangigen Ziel gemacht haben, den Leuten zu sagen, was Gott von ihnen will.

»Ihr Männer, führt eure Familien«, ermahnt ein Lehrer. »Ihr Frauen, werdet endlich frei und seid ihr selbst!« ruft ein anderer.

Und jeden Sonntag marschieren die Christen nach einer klaren Unterweisung aus der Kirche, fest entschlossen, durch die Gnade Gottes so zu leben, wie sie sollten, oder so zu sein, wie sie sind. Eine Woche später kehren sie zurück, enttäuscht von sich selbst und ein bißchen beschämt (außer ein paar wenigen, denen die Selbsterkenntnis fehlt und die stolz auf ihre Leistungen sind). Sie fühlen sich nicht wohl und sind wütend auf die Leute in ihrer Bankreihe, die, wenn man nach ihrem kraftvollen Singen und ihrer ungeteilten Aufmerksamkeit dem Prediger gegenüber urteilt, anscheinend mehr geistliche Erfolge zu verzeichnen hatten.

Die Wurzel allen Übels ist die Auffassung, das Christsein beruhe im wesentlichen darauf, Gottes Vorstellungen zu kennen und hart zu arbeiten, um ihnen gerecht zu werden. Wenn diese beiden Elemente als Hauptvoraussetzungen für ein reifes Christsein betrachtet werden, dann sähen unsere Gemeinden irgendwann aus wie die Synagogen des ersten Jahrhunderts: Sie würden geleitet von Pharisäern, die das Gesetz sorgfältig und im Bewußtsein ihrer eigenen Frömmigkeit auslegen (oder können Sie sich einen Pharisäer vorstellen, der seiner Gemeinde erzählt, daß er gerade mit einer Sünde zu kämpfen habe?). Und darin sitzen entweder müde Leute, die wissen, daß auch ihre besten Bemühungen nicht ausreichen, und die sich vornehmen, es nächste Woche besser zu machen, oder hochmütige Leute, die wie ihre Lehrer das Gesetz Gottes so mißverstanden haben, daß sie meinen, es einzuhalten, und die ihre geistliche Reife vor den anderen als großes Vorbild zur Schau stellen.

Diese Auffassung vom Christsein ist tödlich.

Ich frage mich, wie viele Frauen jeden Tag kämpfen, um sich gefühllosen und manchmal grausamen Ehemännern unterzuordnen, in der Meinung, die Unterordnung sei auch wieder ein Gesetz, das man halten muß, ein weiteres belastendes Prinzip, das es zu beachten gilt, eine schwere Pflicht, die Gott auf ihre ohnehin schon gebeugten Schultern lädt. Ich frage mich auch, wie viele von ihnen dabei erschrecken über die furchtbaren Gedanken und Gefühle, die irgendwo in ihnen stecken und an die Oberfläche kommen. Vielleicht sehnen sie den Tod ihres Mannes oder ihren eigenen herbei, oder sie hoffen insgeheim, eine andere Frau möge ihren Mann verführen und sie aus der ehelichen Gebundenheit befreien.

Wie viele Ehemänner haben beschlossen, der Freiheit ihrer Frau nicht im Wege zu stehen, weil sie glauben, ihre Hauptverantwortung als Mann bestehe darin, ihr diese Möglichkeiten zu geben statt die Führung zu übernehmen. Und wie viele loben die Erfolge ihrer Frau und kämpfen heimlich gegen manchmal perverse sexuelle Versuchungen, die ihnen verheißen, die innere Leere auszufüllen, oder gegen das Gefühl der Unfähigkeit, das sie entweder in den Konkurrenzkampf oder in den Rückzug treibt. Ich frage mich auch, wie viele von ihnen die Versuchung dadurch zu überwinden versuchen, daß sie die Nervenenden ihrer männlichen Seele abschneiden und ihr Leben als geistliche Eunuchen führen, mit einer zur Schau gestellten Stärke und Kompetenz, die niemand anziehend findet.

Bevor wir darüber nachdenken, ob die Bibel ein traditionelles oder ein egalitäres Verständnis von Ehe lehrt, müssen wir uns von der falschen Auffassung freimachen, es gehe beim Christsein nur darum, bestimmte Maßstäbe zu erfüllen. Egal welche Normen wir für richtig halten, wenn wir sie nur als Maßstäbe oder Prinzipien betrachten, die es zu erfüllen gilt, werden wir nie wahre Freiheit und Freude erleben. Unser Leben wird nur durch strenge Anpassung oder befreiten Egoismus gekennzeichnet sein statt durch Demut und Liebe.

Das Evangelium aber will uns für die Erfüllung von Maßstäben eine ganz neue Perspektive schenken. Es macht die Maßstäbe so sehr zu einem Teil von uns, daß der Schlüssel für eine gute Beziehung nicht darin liegt, auswendiggelernte Prinzipien zu erfüllen, sondern einfach dem Verlangen zu folgen, das in unserem Herzen wächst, wenn wir in enger Verbindung zu Christus leben.

Dies ist eine radikale Veränderung. Ohne das Evangelium

konnten wir höchstens versuchen, nach äußerlichen Grundsätzen zu leben, so gut es unsere Natur zuließ. Wir lebten »unter dem Gesetz«. Wir mußten die Worte interpretieren, die in Stein gemeißelt oder auf ein Blatt Papier geschrieben waren, und sie auf unsere Situation anwenden (»Was tue ich, wenn ich es mir gerade gemütlich gemacht habe, und das Telefon klingelt?«). Dann mußten wir uns zusammenreißen und das Richtige tun.

Aber das Evangelium hat alles neu gemacht. Immer noch sollen wir die biblischen Grundsätze verstehen und befolgen, aber unser Christsein beruht jetzt auf der Veränderung, die Gott bei uns innerlich bewirkt hat. Und diese Veränderung geht tief, auch wenn wir sie manchmal nicht bemerken.

Eine tiefgreifende Veränderung

Andere Menschen — Ehepartner, Freunde, Eltern, Pastoren — können mein Verhalten beeinflussen. Sie können mich dazu anhalten, ein gutes Leben zu führen. Sie können mich um etwas bitten, mich ermutigen, ermahnen, versuchen, mich zu überzeugen. Sie können mir Freude bereiten oder mich mit Versprechungen locken. Sie können mir helfen das zu verstehen, was in mir vorgeht, und die Verbindung zwischen vergangenen Ereignissen und gegenwärtigen Reaktionen aufzeigen.

Aber sie können nicht mein Herz verändern.

Wenn die Eltern ihrer pubertierenden Tochter einen Maßstab für die Sauberkeit und Ordnung in ihrem Zimmer setzen, dann sind zwei entgegengesetzte Kräfte im Spiel: der Wille der Eltern, der sich in ihrem Maßstab zeigt, und der Wille der Tochter, die tun und lassen möchte, was sie will. Solange diese beiden Kräfte einander entgegengesetzt sind, werden Eltern und Tochter nicht gern zusammen im Zimmer der Tochter sitzen.

Zurechtweisung, Ermahnung, die Drohung mit Strafen (mit einem gelegentlichen Vorgeschmack davon), großzügige materielle Geschenke — nichts, was die Eltern tun können, wird eine tiefe und dauerhafte Veränderung herbeiführen. Bestenfalls erhält das Zimmer einen kosmetischen Anstrich — alles

Sichtbare ist gut aufgeräumt. Aber bei genauerem Hinsehen unter das Bett und hinter der Kommode wird sich zeigen, daß das Herz der Tochter an der Aufräumaktion nicht beteiligt war.

Niemand kann das menschliche Herz verändern. Niemand kann bis ins Innere meines Wesens vordringen, wo selbstsüchtige Motive mich in die falsche Richtung drängen. Niemand – außer Christus.

Wenn Christus an die Arbeit geht, dann dringt er bis in unser Herz vor. Er nimmt mein altes Herz heraus und gibt mir ein neues (Hesekiel 36,26). Und dann steht er nicht außerhalb von mir und gibt mir Anweisungen, was ich zu tun habe, sondern er kommt herein und lenkt alles von innen. Immer noch gibt er Gebote, die ich halten, und Grundsätze, die ich befolgen soll; aber diesmal werden mir die Gesetze nicht von außen auferlegt, sondern sie kommen von innen. Gottes Gesetz ist nun in mein Herz hineingeschrieben (Jeremia 31,33).

Weil wir den, der uns das Gesetz gibt, in unserem Inneren tragen und mit ihm in einer so innigen Beziehung stehen, daß wir sogar »Anteil bekommen an der göttlichen Natur« (2.Petrus 1,4), möchten wir mehr als bisher seine Gebote halten und sehen jetzt ihre tiefere Dimension. (Je mehr wir verstehen, wie wichtig eine intime Beziehung für Gott ist, um so mehr werden wir den Geschlechtsverkehr als etwas sehen, was uns nicht nur Freude macht, sondern auch auf wunderbare Weise die lebenschaffende und zutiefst befriedigende Verbindung zwischen Christus und seiner Gemeinde zum Ausdruck bringt. Wie muß Gott Ehebruch, Vergewaltigung, sexuellen Mißbrauch und voreheliche Beziehungen hassen! Wie traurig muß er sein, wenn Ehepaare keine Freude am Sex haben oder ihn vergöttern oder einander dazu zwingen, sich manipulieren oder den Geschlechtsverkehr mechanisch vollziehen!) Wir erkennen, daß sich in den Geboten das Herz dessen widerspiegelt, den wir lieben und dem wir vertrauen, und wir nehmen seine Weisungen entgegen nicht als Pflichten, die von uns verlangt werden (obwohl sie das natürlich auch sind), sondern vielmehr als willkommene Gelegenheiten, unser Leben so zu führen, wie es ihm gefällt, in dem Wissen, daß er nur unser Bestes will. Nur dann können wir mit dem Psalmisten sagen:

»Ich laufe den Weg deiner Gebote; denn du tröstest mein Herz. ... Siehe, ich begehre deine Befehle; ... wie habe ich dein Gesetz so lieb; ... deine Mahnungen sind ... meines Herzens Wonne; ich neige mein Herz, zu tun deine Gebote immer und ewiglich« (Psalm 119,32.40.97.111.112).

Das Evangelium befreit uns von der Last, uns an Maßstäbe halten zu müssen, die uns von außen auferlegt werden. Wenn wir uns zur Bibel wenden, finden wir darin Lebensgrundsätze, die unserer Seele Freiheit schenken, und nicht solche, die uns an bestimmte Pflichten fesseln. Wenn wir begreifen, daß wir unser Leben als begnadigte Sünder führen, als unwürdige Diener, als freigekaufte Sklaven, dann werden wir nicht mehr versuchen, biblische Lehren den Wünschen unseres allzu geliebten Selbst anzupassen. Statt das Gesetz zu ändern, damit es zu unserem Herz paßt, hat Christus unser Herz geändert, damit es zum Gesetz paßt.

Entweder leben wir nach äußeren Maßstäben in der Kraft unserer moralischen Anstrengungen und halten die Gnade für ein gutes, aber nebensächliches Thema, oder wir leben durch die Gnade in der Kraft eines neuen Herzens und freuen uns am Gesetz als einem willkommenen Führer, den wir brauchen, und hassen es nicht mehr als erdrückende Last.

Wenn wir Hauptsein und Unterordnung aus der ersten Perspektive betrachten, werden wir entweder zu Menschen, die das Gesetz halten, die ungeheuer schwitzen, um die Forderungen zu erfüllen, und schließlich mit gutem Grund verzweifelt oder ohne Grund stolz sind; oder wir werden zu Menschen, die das Gesetz brechen, die sich selbst an die erste Stelle setzen, sich von allen unnatürlichen Zwängen freimachen und die schließlich Beschränkungen mehr hassen als sie Gott lieben.

Aber wenn wir die Aufgaben in unserer Ehe in der Freiheit einer neuen Beziehung zu den Maßstäben Gottes angehen, werden wir unser Verständnis der Bibel durch ein kontinuierliches Studium des Textes überprüfen. Ob der Text unser Leben verändert, werden wir unter anderem daran merken, wie sehr wir dazu bewegt werden, unserem Partner leidenschaftlich gern zu dienen, und wie sehr wir an seinem Wohlergehen interessiert sind.

Führung und Unterordnung lassen sich am besten verstehen als der je nach Geschlecht verschiedene Ausdruck einer gleichen Autorität, der Autorität zu dienen. Aber diese Autorität, die Gaben unserer Männlichkeit oder Weiblichkeit in den Dienst unseres Partners zu stellen und ihm genau das zu geben, wonach er sich als Mann oder als Frau sehnt, kann mißbraucht werden. Wo Freiheit ist, ist auch Mißbrauch.

Der Schutz vor Mißbrauch, den die Bibel uns gibt, besteht weder darin, die Freiheit aufzulösen und Autorität als Einhaltung vordefinierter Rollen zu sehen, so wie in einer traditionellen Beziehung, noch besteht er darin, die Autorität abzuschaffen und die Selbstverwirklichung zu betonen, so wie in einer egalitären Beziehung. Wir können einem möglichen Mißbrauch besser vorbeugen, indem wir das Evangelium mehr schätzen lernen. Freigesprochene Sünder, die ein neues Herz haben und immer mehr darüber staunen können, was das Evangelium für sie getan hat und noch tut, können mit ihrer Freiheit besser umgehen als Menschen, die ihr Herz in Ketten legen oder die ihm keine Grenzen mehr stecken.

Wenn wir dem Evangelium vertrauen und unsere Lehre über die Ehe in der Freiheit des Evangeliums verwurzeln wollen, müssen wir bereit sein, Führung und Unterordnung so zu verstehen, daß Mann und Frau ihre Freiheit in Verantwortung wahrnehmen. Sie können in die Richtung gehen, in die es sie als Mann und als Frau zieht, denen Gott vergeben hat, die sich an der Einzigartigkeit ihres Mann- bzw. Frauseins erfreuen, die Einzigartigkeit ihres Partners schätzen und sich mit ganzer Leidenschaft dafür einsetzen, ihren Partner in seinem Mann- bzw. Frausein zu fördern.

Wir können unmöglich eine Reihe von Prinzipien aufstellen, die uns in allen Situationen zeigen, wie wir uns verhalten sollen. Es ist jedoch nicht unmöglich, nach dem Evangelium zu leben, das uns zusammen mit den Lebensgrundsätzen Gottes in jeder Situation die immer reifer werdende Weisheit und Liebe geben will, uns richtig zu verhalten.

Kapitel 11

Als Mann und Frau miteinander leben

Was also sollen wir tun? Viel zu viele Ehen sind heute in einer Krise. Und selbst in den guten Ehen, in denen die Partner einander wirklich lieben, genießen sie bei weitem nicht alles, was eine Ehe ihnen schenken kann. Spannungen kommen unerwartet an die Oberfläche, im Streit fallen verletzende Worte, die man auch nach Jahren noch nicht vergessen hat, der Kuß zur Begrüßung ist Routine geworden und die kalte Distanz ist viel öfter zu spüren als die liebevollen Umarmungen im Bett.

Sehen wir uns noch einmal die im vorangegangenen Kapitel beschriebenen Ehen an. In *Beispiel 1* hat der vielleicht bevorstehende Umzug Mann und Frau in zwei Lager gespalten, jede Seite fühlt sich unverstanden, alleingelassen und ist verbittert. Die Partner in *Beispiel 2* hören das Telefon klingeln, als sie an einem relativ ereignislosen Abend vor dem Fernseher sitzen. Obwohl beide sehr erschöpft sind, haben sie innerhalb von Sekunden die Kraft, einander zu hassen. In *Beispiel 3* flieht die junge Ehefrau beim geringsten Anlaß in unkontrollierbare Wutausbrüche. Ihr verwirrter Ehemann hat keine Ahnung, wie er darauf reagieren soll. Sie fühlt sich in unberechenbaren Gefühlen gefangen, er fühlt sich hilflos und verbittert.

Wenn diese Paare und unzählige andere, die wie sie den Schmerz einer unvollkommenen und manchmal unerträglichen Ehe erfahren, je das Glück der Liebe und die Freude an einer tiefen Beziehung kennenlernen sollen, dann müssen sie ihr Problem sehr viel grundsätzlicher anpacken.

Bevor wir uns überlegen können, wie die Eheleute sich in ihrer jeweiligen Situation am besten verhalten sollen, möchte ich eine Frage stellen, die scheinbar mit unserem Thema nichts zu tun hat: Was erschüttert Sie am meisten?

Manchmal frage ich mich, ob meine Selbstsucht mich eigentlich mehr erschüttert als der Schmerz, den ich empfinde, wenn ich abgelehnt werde oder jemand an mir versagt. Weiß ich überhaupt, was es heißt, sich vor Gott in den Staub zu werfen, voller Dankbarkeit darüber, daß er mich nicht aufgegeben hat, daß er, der mich besser kennt als sonst irgend jemand, immer noch gütig zu mir ist? Oder bin ich viel eher zornig darüber, daß er mir manchmal seinen Segen vorenthält und schweigt, wenn ich aus der Not meines Lebens heraus zu ihm um Hilfe schreie? Bin ich dankbar und zufrieden, wenn er so reagiert, wie ich es will, und ungeduldig und verwirrt, wenn er es nicht tut? Ich möchte ein Beispiel nennen.

Nachdem mein Terminplan monatelang sehr vollgepackt war mit Reisen und Vorträgen, fühlte ich mich wie ausgebrannt. Meine Energie war gleich Null, der Funke war erloschen.

Ich war entmutigt und schließlich regelrecht verbittert, wenn irgend jemand etwas von mir wollte. Wenn Freunde mich um einen persönlichen Rat fragten, wenn mich jemand auf noch eine Konferenz einlud oder irgendwelche kleinen Alltagspflichten auf mich zu kamen, fühlte ich mich restlos überfordert. Eine kleine Bitte meiner Frau, zum Beispiel den Koffer in den Schrank zu räumen, war eine schier unerträgliche Last für mich.

In solchen Zeiten komme ich innerlich nicht zur Ruhe. Meine Gedanken kreisen intensiv und fieberhaft um alle Probleme in meinem Leben, um gegenwärtige und zukünftige, manchmal auch um eingebildete, ohne eine Lösung zu finden. Ich kann kaum schlafen. Manchmal krieche ich mitten in der Nacht aus dem Bett, lasse mich im Wohnzimmer auf die Couch fallen, schlage meine Bibel auf, lese ziellos herum und flehe Gott an, meiner Seele Ruhe und meinem Körper Schlaf zu schenken.

Manchmal funktioniert es, und ich fühle mich besser, nachdem ich eine Stunde lang unter Tränen gebetet habe. Aber meistens klappt es nicht, und ich gehe ins Bett zurück, nur weil es dort wärmer ist als auf der Couch.

Warum hilft Gott nicht? Wo ist der Friede, den er uns versprochen hat? In solchen Augenblicken meine ich, der entsetzliche Druck, den ich spüre, müßte Gott dazu bewegen, etwas zu tun. Aber dann wird mir klar, daß für mich meine Probleme so brennend sind (und ich darum die Hilfe Gottes erwarte), daß ich gar nicht sehe, welche Möglichkeiten ich habe, zumindest einigen Menschen etwas Gutes zu tun. Einzig meine Selbstzentriertheit steht mir dabei im Weg.

Wenn wir wissen wollen, was in einem Konflikt zu tun ist, dann müssen wir zuerst über unsere schreckliche Selbstzentriertheit erschüttert und dann vom Wunder der Gnade Gottes überwältigt sein. Nur dann können wir allmählich lernen, anderen Menschen den ersten Platz einzuräumen und uns in bestimmten Situationen weise zu verhalten.

Wenn wir erschüttert darüber sind, wie falsch unsere Selbstzentriertheit ist und wie sie unser ganzes Leben durchdringt, und wenn das Staunen über Gottes Gnade uns mehr bedeutet als der Schmerz, den andere uns zufügen, dann kann der Geist Gottes in unserem Leben Großes vollbringen. In unserem tiefsten Inneren werden wir dazu bewegt, uns mehr um andere zu kümmern als um uns selbst; und es wird uns wichtiger, Gott besser kennenzulernen, statt sofort eine Linderung unserer Schmerzen zu erfahren (Hesekiel 36,24-27).

Daß wir »in seinen Geboten wandeln« (Hesekiel 36,27), zeigt sich darin, daß wir an unserem Partner Dinge sehen, die wir früher nie bemerkt haben. Wir fangen an zu erkennen, was unser Partner gern von uns möchte, und es ist eine großartige Erfahrung zu sehen, daß wir das geben können, wonach er oder sie sich sehnt.

Ein Ehemann, in dem der Geist Gottes wirkt, kümmert sich fürsorglich und zärtlich um seine Frau, weil er weiß, daß sie sich geachtet und geliebt wissen will. Liebevoll für seine Frau da zu sein ist ihm wichtiger als der berufliche Erfolg. Und die Ehefrau spürt, wie ihr Mann unter Fehlern, die er begeht, leidet, und wie sehr er ihre Unterstützung und ihre Achtung braucht. Hinter seinem Selbstbewußtsein und hinter seinen Verstimmungen erkennt sie sein verzweifeltes Verlangen, stark und anerkannt zu sein. Je mehr der Heilige Geist an ihnen wirkt, um so mehr denken Mann und Frau darüber nach, wie sie einander helfen können, und weniger darüber, wie sie sich selbst verwirklichen.

Dann erst ist es sinnvoll, uns zu fragen, wie wir mit konkreten Konflikten umgehen sollen. Dabei müssen Mann und Frau einander genau ansehen, um herauszufinden, was der andere braucht und was sie ihm geben können.

Weil es mir wichtiger scheint, wie es in unserem Herzen aussieht, als wie wir uns im einzelnen verhalten, schrecke ich etwas davor zurück, aufzuzeigen, was Hauptsein und Unterordnung in bestimmten Situationen der Ehe bedeuten könnte. Ein erneuertes Herz zu haben, das uns aus unserer Zerbrochenheit heraus die Kraft schenkt, anderen Menschen den Vortritt zu lassen, ist ein viel wichtigerer und auch viel schwierigerer Prozeß, als eine Liste mit praktischen Tips aufzustellen und zu versuchen, sie zu erfüllen.

Die Selbstzentriertheit im Herzen beider Partner aufzuzeigen, ist der erste Schritt, um eine gute Ehe aufzubauen. Nun wollen wir darüber nachdenken, was dies für die drei beschriebenen Ehen jeweils bedeuten kann.

Beispiel 1

Erinnern wir uns an die Situation des ersten Ehepaares. Der Mann (nennen wir ihn Pete) möchte aus beruflichen Gründen umziehen. Seine Frau Beth aber möchte wegen der Kinder in der Nähe ihrer Eltern bleiben. Was würde es in dieser Lage bedeuten, den anderen an die erste Stelle zu setzen?

Der erste Schritt eines männlichen Mannes wäre es nicht, eine Entscheidung zu treffen und sie seiner Frau aufzuzwingen. Weil er seine Neigung zur Selbstzentriertheit kennt und in dieser Situation das Wohl anderer an die erste Stelle setzen will, wird Pete zunächst versuchen, Beths Ängste herauszufinden und zu verstehen. Sich für ihr Wohl einzusetzen ist ihm wichtiger als seine berufliche Karriere.

Wenn er merkt, daß er wütend oder fordernd reagiert, und diese Motivation in ihm stärker ist als der Vorsatz, seine Frau zu lieben, sieht er ein, daß er geistlich nicht in der Lage ist, eine nicht mehr rückgängig zu machende Entscheidung zu treffen. Er wird sich also zuerst seiner Selbstzentriertheit stellen müssen. Das kann geschehen, indem er sich selbst prüft, intensiv betet, vielleicht auch den Rat eines Seelsorgers einholt, mit der Bibel in die Stille geht und schließlich seine Einstellung wirklich ändert. So wird er sein Hauptsein richtig ausüben.

Wie wird Beth darauf reagieren? Wenn Pete auf sie zugeht, wird sie entweder spüren, daß es ihm in erster Linie um sie geht, oder sie wird merken, daß Pete über seinen Mangel an liebevoller Fürsorglichkeit betroffen ist. Sie wird sich nicht manipuliert oder unter Druck gesetzt fühlen. Ein Bereich tief in ihrem Inneren, der sich anspannt, wenn sie sich bedroht fühlt, wird sich entspannen, und sie freut sich daran, daß Pete für sie sorgen will. Sie ist frei, ihm gegenüber ihre Gefühle zu äußern, und lädt ihn dazu ein, weiter auf sie zuzugehen, weil sie sich geliebt und respektiert weiß. Beth wird Pete zeigen, daß sie ihn achtet und bereit ist, jede Entscheidung mitzutragen, die er trifft, auch wenn es einen Umzug bedeutet.

Diese seltene und ideale, aber durchaus mögliche Ausübung gleichwertiger, aber unterschiedlicher Autorität schafft ein vertrauenvolles Klima, in dem Pete und Beth den Plänen Gottes und ihrer eigenen Beziehung den Vorrang vor einer beruflichen Karriere oder der Nähe zu den Großeltern geben. Das Zusammenspiel zwischen Petes liebevoller Fürsorge und Beths warmer Anerkennung könnte das Problem lösen.

Wenn dies aber nicht der Fall ist, und das kann oft geschehen, sollte Pete nicht die alleinige Autorität für sich beanspruchen, um die Ausübung seines Hauptseins zu rechtfertigen. Er sollte vielmehr seine männliche Autorität weiterhin nutzen, um seiner Frau zu dienen, indem er klar die Führung übernimmt. Er wird eine Entscheidung treffen. Und Beth wird, statt zornig festzustellen, daß sie sich jetzt unterordnen soll, weiterhin ihre weibliche Autorität dafür einsetzen, ihrem Mann zu dienen, indem sie seine Entscheidung gern mitträgt.

Die Ausübung von Autorität beginnt nicht erst im Fall eines unlösbaren Konflikts, sie geht nur weiter. Einander als Mann und Frau zu dienen, ist der Schlüssel zum Erfolg, nicht die Ausübung von festgelegten Rollen als Führer und Nachfolger.

Was aber geschieht, wenn einer der Partner in der Situation mit selbstzentrierter Unreife reagiert? Angenommen, Beth weigert sich, mit Pete zu sprechen, wirft ihm vor, keine Rücksicht auf die Kinder zu nehmen, und schreit wütend, sobald er das Thema Umzug anspricht. Und nehmen wir an, Pete reagiert als Mensch, der reif ist und das Wohl des anderen an die erste Stelle setzt. Er hört sich ihre Ausbrüche geduldig an, ohne sich ständig zu verteidigen, und findet die Kraft, sich weder rächen zu wollen, noch seinen Willen einfach durchzusetzen, noch sich schwach zurückzuziehen. Was dann?

Es gibt kein Prinzip, das wir in klare Ratschläge und Vorschriften umsetzen könnten, wie zum Beispiel: »Haupt zu sein heißt, voranzugehen und zu entscheiden. Ruf die Umzugsfirma an und pack die Koffer. Wenn sie sich weigert, gib nicht nach!« oder »Bete weiter, bis Gott es schenkt, daß deine Frau und du einer Meinung sein können. Gott führt ein Ehepaar nie getrennte Wege. Warte auf sein Wirken.« (Wenn ich hier keinen definitiven Ratschlag geben will, geschieht das weder, weil ich feige wäre, noch weil ich die biblischen Weisungen nicht bis zum letzten befolgen will. Es ist eher auf das Bewußtsein zurückzuführen, daß das Wirken des Heiligen Geistes in einem erlösten Herzen so leicht ersetzt werden kann durch eine biblisch klingende menschliche Weisheit, die ein schematisches Verhalten für wichtiger hält, als Menschen in die von Gott geschenkte Freiheit zu führen.)

Der Mann soll weiterhin sensibel bleiben für die selbstzentrierten Kräfte, die bei ihm im Umgang mit seiner Frau wirksam sind, er sollte lange und intensiv (vielleicht mit einem Dritten zusammen) über seine Frau nachdenken und ernsthaft um Weisheit beten. Und dann soll er, im Lichte seiner Erkenntnis über sich selbst, seine Frau und den Willen Gottes, seine Autorität als dienendes Haupt nutzen, um eine Entscheidung zu treffen. Dabei wird er sich an das halten, was seiner Ansicht nach am besten den Plan Gottes mit seiner Familie verwirklicht.

Es kann sein, daß er einen Vertrag unterschreibt, wonach er in sechs Monaten eine neue Stelle an einem anderen Ort antritt. Aber er kann auch beschließen, dort zu bleiben, wo er ist, und sich die nächsten dreißig Jahre darum bemühen, Beth noch tiefer zu lieben. Jede dieser Entscheidungen und manche andere kann richtig sein. Es liegt bei ihm zu entscheiden, wie er seine Autorität, seiner Frau zu dienen, ausübt. Und er muß sich entscheiden. Wenn Pete von dem tiefen und aufrichtigen Verlangen bestimmt wird, Beths Sehnsucht nach einem Mann zu erfüllen, der sich ganz für sie einsetzt, dann kann er seinem Herz vertrauen, wenn er Gott darum bittet, seine Entscheidung zu lenken.

Nehmen wir nun an, Pete sei derjenige, der Forderungen stellt und zornig wird. Was bedeutet Unterordnung dann für Beth? Auch hier gibt es keine vorgefertigte Antwort, es sei denn, man reduziere Unterordnung auf ein simples Prinzip wie »Tu, was dir gesagt wird, sofern es keine eindeutige Sünde ist«. Weil die Frau ihre Gaben in den Dienst ihres Mannes stellt, hat auch sie, so wie ihr Mann, die Verantwortung, eine weise Entscheidung zu treffen.

Hier sind wir wieder am wichtigsten Punkt dieses Buches angelangt. Wenn Beth nicht in der Freude schenkenden Beziehung zu Christus steht, die sie bereit macht, alles, was sie ist und hat, für Gott und ihren Mann einzusetzen, dann führt die Aufforderung, zu tun, was sie für das Beste hält, unweigerlich zu einer subtilen Form des Egoismus. Der wichtigste Punkt beim Aufbau einer guten Ehe ist darum nicht die Definition von Hauptsein und Unterordnung, sondern zu erkennen, daß die Selbstsucht in *beiden* Partnern vorhanden ist. Wenn sie die Vergebung schätzen gelernt haben, sehnen sie sich danach, Gott von ganzem Herzen, mit ganzer Seele, mit ganzem Willen und ganzer Kraft nachzufolgen und ihr Leben in den Dienst anderer, vor allem ihres Partners, zu stellen.

Beth ist Gott gegenüber verantwortlich für den tatsächlichen Beweggrund, der ihrem Handeln zugrunde liegt. Am Tag des Gerichts wird ihre Entscheidung daran gemessen werden, ob sie dem aufrichtigen Wunsch entsprang, ihre Autorität zum Dienst an ihrem Mann auszuüben, indem sie ihre weiblichen Gaben dafür einsetzt, ihren Mann in seinem Mannsein und zu einem Leben mit Gott zu ermutigen (1. Korinther 4,5).

Ein wichtiges Problem muß Beth lösen, wenn sie entscheiden

soll, wie sie ihrem Mann am besten dient: Kann sie sich seiner Entscheidung widersetzen? Könnte es Gottes Wille sein, daß Beth sich weigert umzuziehen?

Die meisten von uns sind sich darüber einig, daß Unterordnung für eine Frau nicht bedeutet, ihrem Mann in die Sünde zu folgen. Aber warum? Soll sie sich dem nur verweigern, weil sie einer höheren Autorität unterstellt ist? Demnach wird eine Frau nein sagen, wenn ihr Mann sie bittet, ihm bei der Unterschlagung von Spendengeldern zu helfen, denn Gottes Wort sagt ganz deutlich, daß Stehlen falsch ist. Sie hätte damit selbstverständlich einen ausreichenden Grund.

Aber es gibt noch eine weitere Begründung, warum eine Frau die Sünde ihres Mannes nicht unterstützen soll: Wenn sie es täte, würde sie ihre Autorität, ihrem Mann Segen zu bringen, falsch ausüben und damit gegen den Plan Gottes für ihr Leben handeln. Bei der Unterschlagung von Spenden zu helfen, ist aus zwei Gründen falsch: Es ist eindeutig eine unmoralische Handlung, und es bestätigt den Mann darin, seine Führungsverantwortung gegen den Willen Gottes zu mißbrauchen.

Die zweite Perspektive hilft uns auch bei der Frage, was eine Frau tun soll, wenn die Entscheidung des Mannes zwar nicht in eine offensichtliche Sünde führt, der Frau aber unweise erscheint, weil sie eine subtilere Form der Sündhaftigkeit widerspiegelt.

Meiner Ansicht nach kann die Frau ihre Autorität dadurch weise ausüben, daß sie ihren Mann generell, auch bei fragwürdigen Vorhaben, zurückhaltend und großzügig unterstützt (1. Petrus 3,1-6). Jedoch kann ich mir auch Situationen denken, in denen es die liebevolle Weisheit erfordert, dem Mann die negativen Folgen seiner Entscheidung aufzuzeigen.

Beth könnte also großzügig sein und fröhlich ihre Koffer packen. Oder sie könnte ihre Einwände deutlich machen und vorschlagen, daß Pete zwei Wochen lang darüber nachdenkt und sie bereit ist mitzugehen, wenn er dann immer noch umziehen will. Wenn sie nach intensivem Gebet und offenen Gesprächen mit anderen Christen ihre Haltung geprüft hat und feststellt, daß der Umzug eine eindeutig falsche Einstellung ihres Mannes verstärken würde, dann kann sie daraus schließen, daß der Wille Gottes im Leben ihres Mannes besser zum Tragen kommt, wenn sie hierbleiben. Meiner Meinung nach wird aber die Verhärtung des Mannes in seiner falschen Entscheidung nicht dadurch beseitigt, daß die Frau die Zusammenarbeit verweigert, sondern eher dadurch, daß sie bereit ist, ihn zu unterstützen, auch wenn sie zu verschiedenen Urteilen gekommen sind.

Jede dieser Verhaltensweisen kann eine Unterordnung nach Gottes Willen darstellen. Die Frau muß ihre Entscheidung, wie sie ihre Autorität zu dienen ausübt, vor Gott verantworten. Sie soll ihrem Mann dienen, weil sie dadurch dem Gebot Gottes gehorcht. Sie entscheidet nicht, ob sie sich unterordnet oder nicht, sondern was eine Unterordnung unter Gottes Pläne in der jeweiligen Situation bedeutet.

Beispiel 2

Im zweiten Beispiel ging es um eine Frau (nennen wir sie Miriam), die sich zornig fragte, ob sie das Telefon abnehmen soll, »nur weil er [der Ehemann] es mir sagt«. Was bedeutet Unterordnung unter einen nörglerischen Ehemann, der seine Müdigkeit für einen ausreichenden Grund hält, um sich von seiner Frau bedienen zu lassen?

Das Beispiel macht deutlich, warum weder die traditionelle Sicht über Rollen und Verhaltensregeln, noch die moderne Anschauung mit ihrer Betonung der Gleichberechtigung den Kern des Problems trifft, das Miriam jede Freude raubt. Miriam davon zu überzeugen, sie solle das nächste Mal ans Telefon gehen, weil dies von einer Frau erwartet wird, wird dem Problem ihrer Selbstzentriertheit nicht gerecht. Sie würde eine gesetzliche Forderung erfüllen, ohne innerlich verändert zu sein. Paulus spricht davon, daß das Gesetz kein geheiligtes Leben schaffen kann (Römer 7); dies sollte uns zu denken geben.

Miriam dazu aufzufordern, Grenzen zu stecken, innerhalb derer sie sich selbst als gleichwertig mit ihrem Mann betrachten kann, trifft ebenfalls nicht den Kern der Sache. Wenn wir erst ein positives Bild von uns selbst gewinnen müssen, bevor wir liebevollere Menschen werden, verschwenden wir zuletzt unsere ganze Kraft daran, uns selbst mehr zu lieben. Opferbereitschaft und Güte anderen gegenüber ist dann unser zwar nobles, aber stets zukünftiges Anliegen.

Für Miriam bedeutet Unterordnung zuerst, sich selbst und ihre Einstellung zu prüfen. Wenn ihr Mann absolut unsensibel ist (und aus der Beschreibung geht hervor, daß dies der Fall ist), dann könnte Miriam versucht sein, seine Gefühllosigkeit als Ausrede für ihre eigene Selbstzentriertheit zu benutzen. Darüber sollte sie nachdenken, bis ihre Sünde sie mehr erschüttert als die Sünde ihres Mannes und bis sie für die Gnade Gottes so dankbar geworden ist, daß sie ihr mehr bedeutet als die Hoffnung auf eine Veränderung ihres Mannes.

Wenn Miriam angefangen hat, das Wohl anderer an die erste Stelle zu setzen, können wir sie dazu ermutigen, herauszufinden, wonach ihr Mann sich sehnt. Ihn zu fragen, was sie für ihn tun könnte und was er am meisten schätzen würde, könnte ein Anfang sein, mit dem sie ihn ermutigt. Wenn sie ihn dazu einlädt zu genießen, was sie ihm geben kann, kann sie ihn auch durchaus wissen lassen, daß sie sich manchmal ausgenutzt fühlt, und ihm Wege zeigen, wie er sie besser lieben kann.

Wenn sie lernt, sich ihm zu schenken und sich ihm offen mitzuteilen, dann wird sie vielleicht das nächste Mal, wenn das Telefon klingelt und sie beide müde sind, den Hörer abnehmen, und zwar nicht, weil er es sagt, sondern weil sie es will.

Beispiel 3

Im dritten Beispiel haben wir einen Mann kennengelernt (wir wollen ihn Kent nennen), der durch die häufigen unberechenbaren Wutausbrüche seiner Frau (Michelle) frustriert ist. Wie in jeder anderen Konfliktsituation müssen wir neunzig Prozent unserer Arbeit darin investieren, von einer scheinbar gerechtfertigten Selbstzentriertheit wegzukommen und zu einer

Haltung zu gelangen, die den Partner an die erste Stelle setzt, eine Haltung, die ganz natürlich aus einem Herzen entspringt, das sich wirklich verändern will.

Wenn Kent ernsthaft daran interessiert ist, zuallererst das Wohl seiner Frau zu suchen und ihr zu helfen, könnte es richtig sein durchzusetzen, daß sie zusammen in die Eheseelsorge oder Eheberatung gehen. Aber bevor er diesen Schritt unternimmt, würde ich ihm zuerst raten, seine Reaktion ihr gegenüber und ihre Reaktion ihm gegenüber genauer zu beleuchten und so vielleicht verborgene Verletzungen bei Michelle herauszufinden, auf die er mit größerer Sensibilität eingehen könnte.

Vielleicht hat sie sich bei ihm nie geborgen genug gefühlt, um darüber sprechen zu können, daß sie sexuell mißbraucht wurde. Oder vielleicht verbrachte ihre Großmutter ihr Leben in einer psychiatrischen Klinik, und Michelle hat Angst, daß sie dasselbe Schicksal erleiden könnte. Heute betonen wir die Möglichkeiten, die eine Therapie bietet, so stark, daß wir uns viel zu schnell an einen Berater oder Seelsorger wenden. Wir übersehen leicht, welche ungeahnten Wirkungen das sanfte, aber entschlossene Engagement eines Ehemannes für seine Frau haben kann. Ein guter Ehemann erzielt manchmal bessere Erfolge als ein guter Therapeut.

Kent kann seine Führungsverantwortung auch dadurch ausüben, daß er sich genau überlegt, was er für Michelle tun will und was nicht. Es kann sein, daß sie ihr unberechenbares Verhalten an den Tag legt, weil sie Kent so am besten unter ihre Kontrolle bringen kann.

Kent hat viele Möglichkeiten, wie er sich verhalten kann. Aber was immer er auch tut, es muß von dem Wunsch getragen sein, sich unermüdlich mit aller Kraft für seine Frau einzusetzen, egal welches Leid sie in seinem Leben verursacht. Falls sie Selbstmordabsichten hat oder ihm und den Kindern gegenüber handgreiflich wird, kann es auch zu seiner Verantwortung als Mann gehören, alle rechtlichen oder medizinischen Möglichkeiten auszuschöpfen, um eine Tragödie zu verhindern.

Ich hoffe, diese Beispiele konnten eine Vorstellung davon vermitteln, wie ein Ehemann seine Führung und eine Ehefrau ihre Unterordnung in Konfliktsituationen ausüben können.

Kapitel 12

Den Unterschied genießen

Das vielleicht gängigste Mißverständnis im Zusammenhang mit den Verantwortungsbereichen in der Ehe ist die autoritäre Sicht der männlichen Führungsaufgabe in der Familie. Konservative Christen neigen dazu, unter Hauptsein eine Art »Autoritätsreserve« zu verstehen, die sie wie einen Sheriffstern in der Schublade aufbewahren und hervorziehen, wenn sie die Macht, die dadurch symbolisiert wird, benötigen. Wenn Probleme auftauchen und eine Entscheidung zu treffen ist, greift das Haupt der Familie in die Schublade, holt sein Abzeichen hervor, steckt es sich an die Brust und regelt alle Fragen mit entschlossener Männlichkeit.

Aber, wie wir bei Pete und Kent gesehen haben, heißt seiner Frau zu dienen und ihr das zu geben, wonach sie sich sehnt, nicht, daß der Mann damit despotische Macht über sie hätte. Gott gibt keine Autorität für das »Amt« des Ehemannes, er will nicht, daß derjenige, der das Amt innehat, seine Autorität gebraucht, wann immer er will, ohne in erster Linie das Wohlergehen seiner Frau im Blick zu haben. Die Autorität eines Ehemannes ist keine Autorität, die er in der Reserve hat, kein Abzeichen, das ihn zum Sheriff macht, wenn er es sich an die Brust heftet.

Verstehen, was Hauptsein bedeutet

Das Haupt zu sein ist eine Form der Autorität zu dienen, die allein dem Ehemann zukommt, und zwar nicht einfach, weil er Ehemann ist, sondern weil er ein Mann ist. Ein Ehemann ist das Haupt seiner Frau, wenn er seine Männlichkeit ihr gegenüber zum Ausdruck bringt, wenn er sie sanft, aber mit starker Hand führt, dabei jedoch keine Angst hat, sich emotional tief an sie zu binden. Er weiß, welchen Weg er einschlagen soll, weil er feste Überzeugungen hat. Das Haupt der Familie zu sein, ist kein Abzeichen, das man erst hervorholt, wenn eine Entscheidung zu fällen ist. Es ist eine Art, miteinander zu leben, die die Männlichkeit des Mannes widerspiegelt, wenn er mit der Weiblichkeit seiner Frau in Berührung kommt.

Das muß näher erklärt werden. Ein Mann sehnt sich nach Erfüllung und Ergänzung. Egal ob er verheiratet ist oder allein lebt, er möchte wissen, daß er auf eine Frau zugehen und sie zutiefst glücklich machen kann. Das geht ganz eindeutig über finanzielle Versorgung und sexuelles Vergnügen hinaus. Geld kann man auch durch den Tod einer reichen Tante bekommen, und zum Sex braucht man nur die entsprechenden Körperorgane. Aber weder das eine noch das andere macht die Männlichkeit eines Mannes aus. Um seine Männlichkeit ausüben zu können, was in der Ehe gleichbedeutend ist mit dem Hauptsein, muß ein Mann wissen, wonach eine Frau sich sehnt, für welches Glück sie geschaffen wurde und daß er ihr genau das geben kann. Fragen wir uns also zunächst, für welches Glück die Frau geschaffen wurde.

Stellen wir uns vor, von welcher Freude Evas ganzes Wesen durchdrungen wurde, als Adam das erste Mal auf sie zuging. Nachdem Adam so lange nur Tiere gesehen hatte, muß er völlig begeistert gewesen sein, als er eine Frau sah, nackt, schön und einladend. Adams Freude war nicht nur sexueller Natur. Sicherlich spürte er auch eine wundervolle sexuelle Erregung, aber seine Freude über Eva wirkte sich auf alle Ebenen ihrer Beziehung aus. Die Ehe ist keine Beziehung zwischen zwei Personen, deren Körper sich zufällig so ergänzen, daß sie sexuell miteinander verkehren können. Die Ehe ist vielmehr eine Beziehung zwischen einem Mann und einer Frau, deren Persönlichkeit genau so wunderbar verschieden ist wie ihr Körper.

Wenn Adam sich nur auf das körperliche Vergnügen gefreut hätte, dann hätte Eva sich schließlich, wie viele Ehefrauen heute, ausgenutzt und als Person abgelehnt gefühlt. Sie wäre zu Recht abgestoßen gewesen durch eine Lust, die sich nur an ihrem Körper interessiert und nicht an ihrer Seele. Aber Adam freute sich zweifellos an allem, was Eva ihm schenken konnte.

Eine Frau möchte wissen, daß auch die tiefsten Bereiche ihres Wesens ihren Mann erfreuen und daß er darum sanft mit ihr umgehen und sie voller Freude ansehen wird. Er will sie mit seiner Freude an ihr nicht manipulieren, um etwas von ihr zu bekommen, was ihm Vergnügen bereitet. Er liebt sie, weil sie liebenswert ist.

Aber Frauen haben gelernt, skeptisch zu sein. Jedes kleine Mädchen hat schon bemerkt, daß nicht alles Schöne an ihr auch entsprechend gewürdigt wird. Vieles an ihr wird manchmal ignoriert, verachtet, herabgewürdigt oder egoistisch mißbraucht. In einer gefallenen Welt lernt sie, daß sie das Risiko eingeht, abgelehnt und ausgenutzt zu werden, wenn sie alles verschenkt, was sie hat. Und weil auch sie gefallen ist, nur ihr eigenes Wohlergehen im Sinn hat und nicht von Gott abhängig sein will, versucht sie, das Risiko so gering wie möglich zu halten: Sie verbirgt die zarten Bereiche ihrer Seele und gestattet sich keinen Blick auf ihr häßlichen Seiten.

Um in einer Welt überleben zu können, wo Menschen sie gedankenlos verletzen und für ihre eigenen Zwecke ausnutzen, hat sie gelernt, ihre zarte Natur mit einer rauhen Schale zu umgeben, mit einer Härte, die immer mit Gefahren rechnet. Wenn sie aber lange genug mit sich selbst allein ist und darüber nachdenkt, was sie wirklich will, dann wird ihr vage bewußt (manchmal auch ganz stark bis hin zur Verzweiflung), wie schön es wäre, wenn sich jemand für sie stark machen würde. Tief in ihrem Inneren sehnt sie sich nach einem, der sich ganz für sie einsetzt, nicht nach einem Tyrannen, der ihr Leben mit seiner Macht unter Kontrolle hat, sondern nach einem »Anwalt«, der sich mit aller Kraft für sie engagiert und sie befreit. Dann müßte sie nicht mehr »auf der Hut sein« und könnte sich so geben, wie sie wirklich ist. Sie sehnt sich nach einem, der sich an ihr freut und ihr die Hoffnung gibt, daß sie andere Menschen in eine tiefe Beziehung einladen kann, mit dem Vertrauen, daß es wirklich etwas an ihr gibt, was Freude schenkt.

Es gibt noch ein zweites, was ein Mann verstehen muß: Er *kann* seiner Frau das geben, wonach sie sich sehnt. Doch das zu erkennen, fällt ihm oft schwer.

Wenn ein Mann spürt, wie sehr seine Frau sich nach jemandem sehnt, der sich für sie einsetzt und sich an ihr freut, wird er oft wütend und fühlt sich bedroht: wütend, daß sie etwas von ihm will, wenn er selbst eigentlich auch etwas braucht, und bedroht, weil er absolut nicht davon überzeugt ist, daß er ihr das geben kann, was sie nötig hat. Er hat Angst, daß seine Freude an ihr sie nur wenig berührt, und fragt sich, ob er jemals in einer Weise stark sein kann, die sie dazu ermutigt, sich in seiner Stärke zu entspannen, statt seine Fehler zu korrigieren. Vielleicht ist er einfach nicht weise, nicht stark oder nicht liebevoll genug, um die Führung so zu übernehmen, daß seine Frau sich ihm anvertrauen kann.

Um seine Zweifel zu überwinden, muß er vor allem zweierlei tun. Erstens: Er muß sich *auf Gott konzentrieren* und darauf, was es heißt, daß ihm vergeben wurde, daß er von Gott angenommen und berufen ist. Dann wird er erkennen, daß wirkliche Stärke erwächst, wenn man seine Schwäche eingesteht, und er wird die neu gewonnene Stärke dafür einsetzen, anderen zu dienen. Dazu muß er die Bibel aufmerksam lesen und sich zum Gebet zurückziehen, bei dem er sich ganz von Gott abhängig macht.

Zweitens: Er muß sich *auf seine Frau konzentrieren*. Wenn ein Mann seine Männlichkeit erfahren will, gibt es keinen besseren Weg, als seine Frau anzusehen, mit einem erlösten Herzen, das für sie da sein will. Dann kann er deutlich erkennen, wie sehr seine Frau sich nach dem sehnt, was nur er als Mann ihr schenken kann. Das wird ihm eine Stärke geben, die von echter Männlichkeit zeugt, echter als die Stärke, die ein Mann an den Tag legt, um zu beweisen, daß er ein Mann ist.

Ein Mann kann viel über sich lernen, wenn er sich über seine Lebensgeschichte im klaren wird und seine Motive unter die Lupe nimmt, was ich auch sehr empfehle. Noch wichtiger aber ist es, daß dies verbunden ist mit einem noch festeren Blick auf Gott und auf seine Frau.

Je mehr ein Mann seine Verantwortung als Haupt der Familie akzeptiert und sie so ausübt, wie es Gott gefällt, um so mehr erkennt er, daß Gott genau das in ihn hineingelegt hat, wonach seine Frau sich sehnt und was sie dazu ermutigt, das zu werden, wofür sie geschaffen ist. Es ist wichtig für einen Mann zu begreifen, daß die höchste Berufung seiner Frau darin besteht, andere in eine Beziehung einzuladen, und daß sie durch die Beziehung den Sinn ihres Lebens findet. Ein Mann, der seine Frau versteht, wird er seine Autorität dazu gebrauchen, ihr zu dienen, und nicht dazu, gelegentlich Entscheidungen zu treffen und seine Stärke zur Schau zu stellen. Er setzt sich für sie ein, so wie sie es sich ersehnt, geht sanft auf sie zu und zeigt ihr mit seinem Lächeln, daß er sich an ihr freut.

Dieses Verständnis vom Hauptsein entspricht sehr schön dem Hauptsein Christi. Christus geht eine tiefe (und souveräne) Beziehung mit uns ein und zeigt uns, wie sehr er uns, seine Braut, liebt und sich an ihr freut, trotz unserer Fehler, denen wir nur ungern ins Gesicht sehen. Wenn wir lernen, uns zu entspannen, weil er sich für uns einsetzt, und uns seiner Kraft anzuvertrauen, tragen wir seine Früchte, und spiegelt sich in uns seine Schönheit.

Christus kommt in unser Leben und führt uns mit seiner Kraft. Auf geheimnisvolle Weise schenkt ihm die Verbindung mit uns eine Erfüllung, die der Erfüllung nicht unähnlich ist, die ein Mann verspürt, wenn er seine Frau stark liebt. Der Apostel Paulus drückt dies so aus: »Und alles hat er [Gott] unter seine [Jesu] Füße getan und hat ihn gesetzt der Gemeinde zum Haupt über alles, welche sein Leib ist, nämlich die Fülle dessen, der alles in allem erfüllt« (Epheser 1,22-23). (Die Weisheit, die unseren Herrn Jesus symbolisiert, spricht ähnlich über sich: »Ich spielte auf seinem Erdkreis und hatte meine Lust an den Menschenkindern« (Sprüche 8,31).) Unser Herr entäußerte sich all dessen, was er durch seine Gottheit besaß, um uns mit sich zu erfüllen. Die Verbindung mit uns schenkt ihm eine Art Erfüllung und führt uns in die liebevolle Gemeinschaft mit ihm zurück.

Ein Mann findet Erfüllung, indem er jemanden erfüllt, der leer wäre, wenn er nicht käme. Eine Frau findet Bestätigung, wenn jemand, den sie einlädt und der sie liebt, in ihr Leben tritt. Haupt zu sein heißt für einen Mann, sich an eine Frau zu binden und sich für sie einzusetzen, weil er weiß, daß er ihr dadurch etwas Gutes tun kann und daß er sich an seiner Frau, so wie sie ist und noch werden wird, zutiefst freut.

Verstehen, was Unterordnung bedeutet

Was ist Unterordnung? Ich möchte zunächst eine einfache Beschreibung geben und sie dann näher erläutern. Unterordnung besteht darin, daß eine Frau am Engagement ihres Mannes im Leben und seiner Beziehung zu ihr von Herzen Anteil nimmt und ihn auf eine Weise unterstützt, die ihn näher zu Gott führt.

Das Wort, das wir mit »unterordnen« übersetzen, umfaßt »eine ganze Stufenfolge von Bedeutungen, von der Unterstellung unter die Autorität bis zum rücksichtsvollen Sichfügen in den andern.«[1] Wem es nur darum geht, Gesetze einzuhalten, der betont gern den Gehorsam und hält den Aspekt der Beziehung für weniger wichtig, bei dem es darauf ankommt, nachzudenken, wie man seine Gaben am besten für das Wohl eines anderen Menschen einsetzen kann. Wenn aber die Perspektive verloren geht, daß zwei Menschen unterschiedlichen Geschlechts zusammen am Aufbau einer Beziehung arbeiten, dann wird Unterordnung nur noch zu der Forderung, das zu tun, was eine höhere Autorität befiehlt.

Es ist nicht einfach, uns immer wieder bewußt zu machen, daß es in erster Linie um die freiwillige Beziehung der Frau zu Gott und zu ihrem Mann geht; sonst betrachten wir Unterordnung als bloßes Prinzip, das es zu befolgen gilt, oder als eine Rolle, die man spielt, statt als das, was sie wirklich ist: eine Gelegenheit für die Frau, die Männlichkeit ihres Mannes mit ihrer Weiblichkeit zu berühren. Wenn wir Unterordnung auf das Prinzip, »einem Anführer zu folgen«, reduzieren, verlieren wir aus dem Blick, daß wir unsere Gaben freiwillig dafür einsetzen, die Bedürfnisse, die wir bei unserem Partner sehen, zu befriedigen. Dann müssen wir unser Prinzip immer wieder einschränken und sagen, wann eine Frau nicht folgen muß.

Piper zum Beispiel sagt zu Recht, es sei am besten, Unterordnung nicht als ein bestimmtes Verhalten zu definieren, sondern als »die Bereitschaft, sich der Autorität des Mannes anzuvertrauen und seiner Führung zu folgen. Die Frau darf ihrem Mann niemals in die Sünde folgen. Sie wird nicht mit ihm zusammen stehlen, sich mit ihm betrinken, pornographische Filme mit ihm ansehen oder andere betrügen.« Unterordnung, so Piper, »ist die Bereitschaft, seiner Führung zu folgen, sofern sie keine Sünde mit sich bringt«[2].

Meist ist man sich darüber einig, daß es nicht recht ist, eine Sünde zu begehen, nur weil der Mann es will. Dieser Grundsatz ist zwar richtig, aber er läßt eine Frage offen, der wir uns schon im letzten Kapitel kurz gewidmet haben. Soll eine Frau ihren Mann immer unterstützen, sofern dies nicht in eine offensichtliche Sünde führt? Was geschieht, wenn die Frau einen Kreditantrag mit unterschreiben soll, damit ihr Mann sich den langersehnten Sportwagen kaufen kann, während die kieferorthopädische Behandlung ihres Kindes mangels Finanzen immer wieder hinausgeschoben wird? Was ist, wenn eine Frau (wie Beth) wirklich befürchtet, daß ihr Mann die bessere Arbeitsstelle, die mit einem Umzug verbunden ist nur annehmen will, weil er immer materialistischer wird? Wenn die neue Stelle mit längeren Arbeitszeiten verbunden ist, und der Mann folglich weniger Zeit für seinen Sohn haben wird, der sich im Teenageralter befindet und sich mit einer zweifelhaften Clique trifft?

Falsch wäre es, zur Lösung dieses Dilemmas jede Form männlicher Autorität als chauvinistisch und biblisch unbegründet abzulehnen. Dann könnte jede Entscheidung nur noch so getroffen werden, wie zwei Geschäftspartner, die jeweils fünfzig Prozent der Aktien besitzen, über die Marktstrategie für ihr neues Produkt entscheiden. Ehepartner sollen natürlich im Rahmen der christlichen Liebe handeln, und dies unterscheidet ihre Beziehung ganz klar von einer rein geschäftlichen Absprache, aber die Autoritätsstruktur, bzw. das Fehlen einer Autoritätsstruktur, ist in beiden Situationen gleich.

Nach meinem Verständnis müssen wir jedoch, wenn wir diese Lösung wählen, unsere geschlechtlichen Unterschiede zu sehr verleugnen und die Schöpfungsordnung, das Vorbild der

Beziehung der Dreieinigkeit untereinander sowie die biblische Lehre über die Ehe außer acht lassen. Auch wird bei diesem Lösungsversuch das zentrale Problem der Selbstzentriertheit nicht richtig angegangen.

Eine bessere Lösung (auch sie ist jedoch nicht problemlos) wäre es, Unterordnung mehr im Rahmen einer Beziehung zu definieren. Dabei wird die Führungsverantwortung des Mannes als wesentliches und gutes Element der biblischen Lehre vom Hauptsein gesehen. Die Frau hat von Gott die Autorität bekommen, ihrem Mann intelligent, kreativ und aufrichtig mit den Gaben zu dienen, die sie als Frau besitzt, so wie Beth es in *Beispiel 1* versucht hat.

Wenn wir erkennen, daß die besonderen Gaben der Frau darin bestehen, ihren Mann ohne Furcht zu stützen und zu fördern, ihn ohne Zynismus und voller Wärme anzunehmen, und wenn wir wissen, daß die Bedürfnisse des Mannes aus der Sorge entspringen, ob er im Leben etwas Sinnvolles vollbringen kann, dann spüren wir, welchen Rhythmus die Beziehung zwischen Mann und Frau haben kann, so wie bei einem Tanz. Die Frage, ob die Frau ihre Unterschrift unter den Kreditantrag setzen soll, wird nicht dadurch gelöst, daß sie bestimmten Grundsätzen folgt oder mit ihrem Mann in Verhandlungen eintritt. Eine solche Situation verlangt von ihr die große Verantwortung, nach dem Willen Gottes zu fragen und dem Herrn tief zu vertrauen. Sie muß sich davon überzeugen, ob ihre Einstellung richtig ist, und sie muß um Weisheit, Liebe und Selbstlosigkeit beten. Sich ihrem Mann unterzuordnen ist mehr als die Anpassung an eine Rolle oder die Bereitschaft, ihre Meinung offen zu sagen. Es bedeutet, sich in einem Rhythmus zu bewegen, den nur das demütige, zerbrochene und fröhliche Herz spüren kann.

Sehen wir uns ein paar Abschnitte aus der Bibel an, die in diese Richtung weisen. »Die Weisheit der Frauen baut ihr Haus; aber ihre Torheit reißt's nieder mit eigenen Händen« (Sprüche 14,1). »Besser in einem Winkel auf dem Dach wohnen als mit einem zänkischen Weibe zusammen in einem Hause. ... Besser in der Wüste wohnen als bei einem zänkischen und zornigen Weibe« (Sprüche 21,9.19).

Törichte Frauen, wahrscheinlich solche, die sich nicht unterordnen, reißen ihre Familien mit ihrer Auflehnung auseinander. Petrus zeigt uns, was Weisheit für eine Frau bedeutet. Eine weise Frau, vor allem eine, die zur Unterordnung bereit ist, zieht ihren Mann mit der Schönheit eines sanften und stillen Geistes an, statt ihn in die Wüste zu treiben (1. Petrus 3,1-4).

Eine launische und streitsüchtige Frau sieht ihre Aufgabe darin, alles in Ordnung zu halten, und ist verzweifelt und aufgebracht, wenn es ihr nicht gelingt. Ein sanfter, stiller Geist ist die Frucht des Entschlusses einer Frau, Gott beständig nachzufolgen und nicht mehr zu verlangen, als seinen Plan in all ihren Beziehungen verwirklichen zu können. Sie erkennt, daß nur ihre Selbstzentriertheit, und niemals ihr Mann, ihr dabei im Wege stehen kann. Sie setzt es sich nicht zum Ziel, ihren Mann zu ändern (obwohl sie intensiv um nötige Veränderungen betet); ihr Ziel ist es vielmehr, all ihre Gaben so einzusetzen, daß sie ihren Mann dadurch näher zu Gott führt und ihn dazu bringt, auch mit ihr so umzugehen, wie es Gott gefällt.

Ihre Autorität, ihrem Mann zu dienen, muß sie so ausüben, daß sie ein Gespür entwickelt für die Bedürfnisse ihres Mannes und für ihre Gaben als Frau.

Wonach sehnt sich ihr Mann? Tief in seinem Inneren kämpft jeder Mann um Anerkennung. Manche Männer sagen, bei ihnen gebe es solch einen Kampf nicht. Dazu gehören auch starke christliche Führungspersönlichkeiten, deren Stärke eher einschüchternd und abstoßend wirkt als anziehend. Sie haben ihre Sorge um Anerkennung zugeschüttet mit (geschäftlichem, geistlichem, finanziellem, sportlichem und gesellschaftlichem) Erfolg. Das einzige Anzeichen für ihre innere Unsicherheit ist eine Stärke, die mehr gespielt als echt wirkt. Eine zur Schau getragene Stärke zeigt, daß es der betreffenden Person mehr um ihr eigenes Wohl geht. Andere empfinden sie folglich auch als einen Mangel an Fürsorglichkeit.

Die meisten Männer erleben jedoch, wenn sie aufrichtig sind, schmerzliche Augenblicke, in denen sie sich unsicher fragen, ob sie in ihrem Leben etwas wirklich Wertvolles erreichen können. Sie spüren die Unsicherheit am stärksten bei der Frage, ob sie anderen Menschen, insbesondere ihrer Frau, etwas zu geben haben und ihren Respekt und ihre Anerkennung gewinnen können.

Seit Adam im Schweiße seines Angesichtes arbeiten mußte, um dem Boden mehr Frucht als Unkraut abzuringen, haben Männer darüber nachgedacht, ob sie fähig sind, ihre Aufgaben zu erfüllen. Ihr Scheitern ist programmiert durch das arrogante Wesen, das vom Vater auf den Sohn vererbt wird und das meint, die nötige Kraft in sich selbst zu finden.

Wenn ein Junge in seine Welt hinausgeht und versagt, dann hat er eine Lektion gelernt.

Ein Mann erzählte mir einmal, wie er seinem Vater half, in der Garage eine Werkstatt einzurichten. Sie hatten das Gerümpel hinausgeräumt und die Garage gefegt. Dann überlegten sie zusammen, wo sie die Werkbank aufstellen würden und wo die Werkzeuge hängen sollten.

Als erstes mußten sie ein Brett an der Wand befestigen, an dem die Werkzeuge aufgehängt wurden. Als der Vater merkte, daß er nicht genügend Haken für die Werkzeuge hatte, beschloß er, erst die Haken zu kaufen und dann das Brett zu befestigen. Während er weg war, wollte der damals zwölfjährige Junge ihn überraschen, indem er das Brett schon allein an die Wand nagelte.

Es gelang ihm, das Brett genau an der geplanten Stelle sicher anzubringen und die starken Nägel in die Wand zu schlagen, ohne daß ein einziger dabei krumm wurde. Gerade als er ein paar Schritte zurücktrat, um sein Werk stolz zu begutachten, kam sein Vater nach Hause. Der Vater blickte unwillkürlich zu der Stelle, wo das Brett die Steckdosen verdeckte. Der Junge hatte vergessen, Löcher hineinzuschneiden, um die elektrischen Anschlüsse freizuhalten.

»Wie konntest du bloß die Steckdosen vergessen?« rief der Vater. »Jetzt müssen wir alle Nägel wieder herausziehen und reißen dabei wahrscheinlich das Brett mitsamt der Wand ab!«

Der Junge hatte seine Lektion gelernt, und als Mann dachte er immer noch daran: Es ist gefährlich, auf eigene Initiative in die Welt hinauszugehen. In einer gefallenen Welt besteht bei jeder Entscheidung, ob groß oder klein, die Möglichkeit des Versagens.

Wenn eine Frau, der es in erster Linie um das Wohl ihres Mannes geht, sieht, welche Fragen ihn quälen – egal wie selbstbewußt und zuversichtlich er sich nach außen gibt –, wird sie den Wunsch verspüren, auf seine Fragen zu antworten. Falls er sie unfreundlich behandelt, wird sie natürlich auch mit anderen Gefühlen zu kämpfen haben. Aber wenn sie die »Autorität zu dienen« als den eigentlichen Sinn ihres Lebens sieht, wird ihr erneuertes Herz die einzigartige Möglichkeit, ihrem Mann zu dienen, nutzen wollen.

Jedoch soll sie nicht nur die Bedürfnisse ihres Mannes erkennen, sondern auch dankbar wissen, daß sie die Macht hat, ihm zu helfen. Wie kann sie ihren Mann erreichen? Eine Frau hat die Gabe, andere in eine Beziehung mit ihr einzuladen. Sie hat dabei genug innere Sicherheit, um die Beziehung an keine Bedingungen zu knüpfen, sondern offen und einladend zu sein.

Frauen halten meistens gerade den Bereich ihres Wesens zurück, der ausgenutzt, abgelehnt oder verachtet wurde. Und dies ist gerade der zentrale Bereich ihres weiblichen Wesens, ein herzlicher, einladender Charakter. Petrus rät den Frauen, ihren Männern das zu schenken, was sie bei einer Frau am attraktivsten finden, nämlich ihren sanften und stillen Geist. Nichts hilft einem Mann mehr in seinen Selbstzweifeln als eine Frau, die ihn bedingungslos annimmt, ihn einlädt und unterstützt, auch wenn er ein falsches Urteil fällt.

Eine Frau, die sich unterordnet, übt ihre Autorität zum Dienst an ihrem Mann mit einer Haltung aus, die ihn in seiner Männlichkeit bestätigt. Sie erlebt dabei die Freude, die wächst, wenn wir uns an einen anderen Menschen verschenken. Die Unterordnung der Frau ist also die weibliche Form, das Hauptsein des Mannes die männliche Form einer gegenseitigen Unterordnung, die in ihrer Struktur nicht umkehrbar ist.

Mehr als nur Vorschriften

Wir müssen die Vorstellung ablegen, beim Christsein, in der Ehe oder in einem anderen Bereich des Lebens gehe es nur darum, bestimmte Vorschriften zu befolgen. Natürlich gibt es

Maßstäbe, an die wir uns halten sollen, und dies kostet uns auch Mühe, aber unsere Beziehung zu dem, der die Gebote gegeben hat, macht uns die Last leicht, so daß wir die Autorität gern übernehmen, die er uns schenken will (Matthäus 11,28-30). Gottes Maßstäbe sind hart und unbeugsam, aber wir spüren diese Härte nur, wenn wir es nicht zu schätzen wissen, daß wir eine Beziehung zu ihm haben (und was diese Beziehung ihn gekostet hat), sondern meinen, unser Leben gehöre uns und wir könnten damit tun und lassen, was wir wollen.

Betonen wir nur das, was ein Christ alles tun muß, verfehlen wir das Ziel des Gehorsams, das darin besteht, eine frohmachende Beziehung zu Gott und zueinander aufzubauen, mit der wir einer Welt von verhärteten, unglücklichen Menschen die Realität Jesu Christi zeigen können.

Die Ehe nur als die Erfüllung bestimmter Rollen zu sehen, kann uns auf zweierlei Weise in die falsche Richtung führen. Erstens verstärkt es die Neigung zur Gesetzlichkeit, die wir alle haben; wir bemühen uns, die von uns verlangte Rolle zu spielen, und setzen uns unter Druck, statt uns darüber zu freuen, daß wir unseren Partner in aller Freiheit lieben können.

Zweitens können wir den Eindruck bekommen, daß Gott den Menschen willkürlich bestimmte Arbeiten zugeteilt hat, die getan werden müssen. Wir übersehen, daß er uns für eine Aufgabe ausgerüstet hat, die uns die Möglichkeit für ein glückliches Leben gibt. So wie Gott Menschen in den Dienst ruft und ihnen schon die Gaben dafür gegeben hat, hat er auch Mann und Frau so geschaffen, daß sie in einzigartiger Weise miteinander in Beziehung treten können. Im Wissen um den guten Plan Gottes werden Mann und Frau frei, dankbar anzunehmen, was Gott ihnen geschenkt hat. Nur von Rollen zu sprechen, verdeckt die Vorstellung, daß Mann und Frau einander ganz natürlich und gut ergänzen können, wenn sie nach dem Plan ihres Schöpfers leben.

Wenn es in der Ehe nur um die Erfüllung von Rollen ginge, würde dies zu keiner dynamischen, natürlichen Verbindung zwischen zwei Menschen führen, die eins werden. In einer guten Ehe entsteht eine viel tiefere Beziehung.

Ein Bild für die Ehe

In einer wirklich guten Ehe verschmelzen Mann und Frau in einer natürlichen Bewegung. Sie sind zwar noch zwei eigenständige Menschen, aber dies steht dabei nicht im Vordergrund. Es ist wie bei zwei Tanzpartnern, die seit Jahren zusammen gehören: Sie können die Schritte des anderen mit geübter Leichtigkeit vorausahnen. (Wer alt genug ist, erinnert sich vielleicht noch an Fred Astaire und Ginger Rogers, die in vollkommener Harmonie mühelos über das Parkett glitten.)

Der Rhythmus der Musik und die Bewegungen der Tänzer sind zwei verschiedene Elemente, und obwohl das eine das andere bestimmt, hat man nicht den Eindruck, daß die Tänzer sich ungeheuer anstrengen müssen, um im Takt zu bleiben. Der Rhythmus ist in ihnen; sie bewegen sich natürlich und mühelos mit, jede ihrer Bewegungen entspricht der Musik, weil die Musik zu einem Teil von ihnen geworden ist.

Anfänger müssen sich darauf konzentrieren, sich so zu bewegen, wie sie sollen. Aber erfahrene Tänzer verletzen weder die Regeln, noch müssen sie sich anstrengen, um sie einzuhalten. Sie verschmelzen das miteinander, was jeder von ihnen einbringt. Beide folgen ihrem »Gefühl« und reagieren anders auf die gleiche Musik.

Vor vielen Jahren, als ich noch ein junger Mann war und keine Ahnung vom Tanzen hatte, befand ich mich in einem Dilemma. Meine Freundin, die jetzt meine Frau ist, erzählte mir begeistert von einer Veranstaltung, die auf dem Campus ihres College stattfinden sollte. Ich wußte, daß man dort auch tanzen würde. Ich hatte nur wenige Alternativen: plötzlich krank zu werden und ihr den Abend zu verderben; hinzugehen, sie zu bitten, mit anderen Männern zu tanzen, und dadurch mir den Abend zu verderben; oder selbst mit ihr zu tanzen und uns beiden den Abend zu verderben (ganz zu schweigen von ihren Füßen).

Ich entschloß mich für eine vierte Alternative: vorher tanzen zu lernen. Ich antwortete auf die Anzeige einer bekannten Tanzschule, die drei Einführungsstunden anbot. Ich weiß noch, wie ich am ersten Tag die Treppen zum Tanzstudio hinaufstieg, das sich im dritten Stock eines alten Backsteingebäudes befand. Als ich vor der Tür stand, legte ich eine Verschnaufpause ein und erneuerte meinen Entschluß, die Tanzstunden durchzuhalten. Dann folgte ich der Einladung an der Tür: »Bitte eintreten«.

Drinnen begrüßte mich sofort eine auffällig schöne blonde Frau von vielleicht fünfundzwanzig Jahren, die sich als »Tish« vorstellte. Wir tauschten ein paar Höflichkeitsfloskeln aus, dann gab ich ihr einen Zehndollarschein, und sie nahm mich bei der Hand und führte mich auf den Tanzboden.

In dieser ersten Stunde, die in einem großen Raum stattfand, wo sich außer mir und meiner Lehrerin nur ein Plattenspieler befand, zeigte Tish mir, daß ich den einen Arm ausstrecken und ihren berühren und dann den anderen Arm um ihre Hüfte legen sollte. Mit diesen beiden Kontaktpunkten, versicherte sie mir, konnte ich mit sanftem Druck die Richtung anzeigen, in die ich gehen wollte, und die Geschwindigkeit. Sie würde dann meiner Führung folgen.

Ich erwiderte, ich hätte nicht die geringste Ahnung, wie schnell und in welche Richtung ich mich bewegen sollte. Aber Tish, eine erfahrene Tänzerin, die ihre gelangweilte Belustigung kaum hinter ihrer professionellen Höflichkeit verbergen konnte, erklärte, ich solle einfach »die Musik fühlen« und ihr folgen. Ich starrte Tish ungläubig an, war völlig verzweifelt und verwirrt. Dann folgte ich einem tieferem Gefühl als dem Takt der Musik und entschuldigte mich. Ich verließ den Raum deutlich in einer Richtung und mit erstaunlicher Geschwindigkeit. Später schämte ich mich so sehr, daß ich zu den beiden übrigen Stunden gar nicht erst erschien.

Trotzdem begleitete ich Rachael zum Campusabend. Und wir tanzten. Nicht gut – ihre Schuhe waren nachher etwas eingedrückt – aber wir bewegten uns zusammen über das Parkett, und ich hielt meine Arme in der richtigen Position. Und ich führte – zwar oft in andere Paare hinein und einmal, trotz Rachaels geflüsterter Warnungen, in einen Tisch –, aber ich führte. Der Abend war ein merkwürdiger Erfolg.

Wenn wir lernen, Führung und Unterordnung in der Ehe zu praktizieren, stellen wir uns oft so ungeschickt an wie ein unerfahrener Tänzer. Es gibt zwar Regeln, denen wir folgen sollen, und Rollen, die uns die richtigen Schritte vorgeben, aber weder Regeln noch Rollen können das Gefühl für den Rhythmus ersetzen, das uns erst zu guten Tänzern macht.

Es gibt auch einen Rhythmus in einer Beziehung, einen Rhythmus, den wir nur empfinden, wenn wir uns die großen Wahrheiten über Gott immer wieder zeigen lassen. Wir erkennen immer mehr, was sie bedeuten, und erleben sie als richtig: die Wahrheit über seine Heiligkeit und unsere Sündhaftigkeit, über seine Sehnsucht nach einer Beziehung mit uns, und wie lange wir ihm nicht entgegengehen wollten; die Wahrheit darüber, wie er uns geschaffen hat, und seinen guten Plan für uns; die Wahrheit, daß er in uns wohnt, daß ich lebe, aber nicht mehr ich, sondern Christus in mir (Galater 2,20).

Vielleicht gibt es keine Wahrheit, über die wir so sehr ins Nachdenken kommen, als über die Tatsache, daß wir Gott auf irgendeine Weise ähnlich sind, daß wir sein Ebenbild tragen. Und während wir noch darüber nachdenken, wie wunderbar das ist und was es für uns bedeutet, erinnert uns die Bibel sofort an eine andere Tatsache, nämlich daß Gott uns als Mann und als Frau geschaffen hat. In dieser Wahrheit über unsere Geschlechtlichkeit liegt ein Rhythmus, den wir nicht überhören dürfen, denn er weist uns klar in eine Richtung.

Ein Theologe drückte es einmal so aus: »Der Mensch existiert nur als Mann oder Frau. Er kann sein Mannsein oder Frausein nie verleugnen. Der Mensch *hat* nicht nur einen männlichen oder weiblichen Körper, sondern er *ist* Mann oder Frau. Geschlechtlichkeit ist also nicht nur eine Eigenschaft des Menschen neben anderen Eigenschaften, sondern ein *Sein*, welches sein gesamtes Verhalten bestimmt. . .«[3]

Unser Mann- bzw. Frausein kommt in allem, was wir tun, zum Ausdruck. Gottes Schöpfungsplan ist die Musik, und wenn wir ihn verstehen und gern akzeptieren, fühlen wir den Rhythmus unseres Mann- und Frauseins in unserer Seele. Führung und Unterordnung sind die Bewegungen von Mann und Frau im Tanz einer Beziehung. Sie werden erst richtig verstanden, wenn wir erkennen, daß das Hauptsein des Mannes in der Ehe das ist, was er tut, wenn er als Mann so lebt, wie es Gott gefällt. Entsprechend ist Unterordnung das, was eine Frau tut, wenn sie nach Gottes Willen lebt. Führung und Unterordnung sind also keine Regeln, die wir befolgen sollen, oder Rollen, die wir übernehmen. Sie sind der reife und liebevolle Ausdruck unserer geschlechtlichen Unterschiede in der Ehe.

Wenn wir Führung und Unterordnung als die Möglichkeit definieren, unserem Partner das zu geben, wonach er sich sehnt und was er nur von uns bekommen kann, dann sind wir auf dem Weg, den Unterschied zwischen Mann und Frau schätzen und genießen zu lernen.

Die Unterschiede *sind* vorhanden, und sie gehen tief. Männer sind so geschaffen, daß sie sich in ihre Welt mit Menschen und Aufgaben hineinbegeben, mit der sicheren und unangezweifelten Stärke eines »Anwaltes«, der sich ganz für andere einsetzt. Frauen sind so geschaffen, daß sie andere Menschen in eine enge, tiefe Beziehung einladen, die Freude bereitet und in der jede Manipulation ausgeschlossen ist.

Wir alle sind von der Krankheit der Selbstzentriertheit befallen, die wir zu rechtfertigen versuchen und die beim Aufbau einer guten Ehe und beim Aufbau von Freundschaften im Weg steht. Unser Erfolg im Leben wird an der Qualität unserer Beziehung zu Ehepartnern, Kindern, Eltern und Freunden gemessen. Fühlen die Menschen sich in meiner Umgebung geliebt und respektiert? Erleben wir, was für eine Freude es bereitet, anderen freiwillig und gern das zu geben, was wir haben? Wenn nicht, dann beginnt die Veränderung damit, daß wir unsere Selbstzentriertheit genau betrachten und die Wunden in unserem Herzen erkennen, mit denen wir unsere Forderung rechtfertigen, daß andere uns gut zu behandeln haben.

Wenn wir umgekehrt sind zu Gott, können wir in einem nächsten Schritt überlegen, wer wir als Mann oder Frau sind. Wenn wir lernen, das gern zu geben, was unsere Identität als Mann und Frau ausmacht, um unserem Partner ein Segen zu sein, dann werden wir zu Männern und Frauen, die den Unterschied genießen können.

Anmerkungen

Kapitel 5

1 Jonathan Edwards, *Natural Men in a Dreadful Condition.* Select Works. Band 1. Herausgegeben von Ian Murray (The Banner of Truth Trust, 1965)

Kapitel 6

1 D. Broughton Knox, *The Everlasting God.* Hertfordshire: Evangelical Press, 1982. S.51f.
2 Diese Beobachtung verdanke ich D. Broughton Knox. Vgl. The Everlasting God, S.51-55

Kapitel 7

1 J.I. Packer, *Understanding the Differences* In: Alvers Mikkelsen [Hrsg.], *Women, Authority, and the Bible.* Downers Grove: Inter-Varsity Press, 1986. S.298-299.

Kapitel 8

1 John Piper, *What's the Difference?* Manhood and Womanhood Defined According to the Bible. Westchester: Crossway Books, 1990. S.IX.
2 Ebd., S.49.
3 Carol Gilligan, *In a Different Voice.* Boston: Harvard University Press, 1982.

Kapitel 9

1 Siehe John White, *AIDS, Judgment, and Blessing.* In: The-

melios, Band 15, Nr.2 (Januar/Februar 1990). S.60-63. Weitere Informationen über diese Zeitschrift bei International Fellowship of Evangelical Students, 6400 Schroeder Rd., P.O. Box 7895, Madison, Wisconsin 53707-7895, USA.

2 Ein Beispiel dafür ist der Bericht, wie Petrus in Apostelgeschichte 3,1-10 dem gelähmten Bettler hilft.

3 Carol Gilligan, *In a Different Voice,* S.159.160.

4 Ebd., S.163.

Kapitel 10

1 John Piper, *What's the Difference?,* S.16.

2 *Men, Women and Biblical Equality.* Stellungnahme der »Christians for Biblical Equality«. 2830 Lower 138th Street, Rosemount, Minnesota 55008, USA.

3 Piper, *What's the Difference?,* S.19.

4 *Men, Women and Biblical Equality.*

5 Ebd.

Kapitel 12

1 Delling, G., *Artikel »hypotasso«.* In: Theologisches Wörterbuch zum Neuen Testament. Bd.8. Stuttgart: Kohlhammer-Verlag, 1969. S.46. Zitiert bei Werner Neuer: *Mann und Frau in christlicher Sicht.* Gießen und Basel: Brunnen-Verlag, 41988. S.117.

2 John Piper, *What's the Difference?,* S.34.

3 Fritz Leist zitiert bei Werner Neuer, *Mann und Frau in christlicher Sicht*, S.21f.

Vom selben Autor:

In guten wie in bösen Tagen

Strategien für eine erfüllte Ehe
Ein Leitfaden für Ehepaare und Seelsorger
168 Seiten, ABCteam-Paperback Nr. 433

Eine glückliche und harmonische Ehe — wer wünscht sich das nicht? Angesichts ständig wachsender Zahlen von Ehescheidungen und Beziehungen ohne Trauschein könnte man allerdings meinen, sie gehöre der Vergangenheit an.

Doch das Leben in der Ehe kann man lernen. Lawrence Crabb beschreibt hier aufschluß- und hilfreich die verschiedenen Gesichtspunkte jener Einheit, die Gott für die Ehe vorgesehen hat. Er geht auf die psychologischen Aspekte einer Beziehung ein und weist nach, daß eine Einheit nur dort erreicht werden kann, wo beide Partner bereit sind, einander zu dienen.

aus: Brennpunkt Seelsorge

Von innen nach außen

Veränderung ist möglich
228 Seiten, ABCteam-Paperback Nr. 466

Manchmal wünscht man sich, anders zu sein! Netter, liebevoller, gelassener, zufriedender, hilfsbereiter... Doch die vielen Anstrengungen haben nichts genutzt.

Echte Veränderung geschieht von innen nach außen, sagt Larry Crabb. Oberflächliche, gewissermaßen kosmetische Übungen, die den Kern unberührt lassen, helfen nicht. Vielmehr geht es darum, sich mit dem Zustand des eigenen Herzens ehrlich auseinanderzusetzen — dem Ärger, den Ängsten, den seelischen Verwundungen ... und Gott daran arbeiten zu lassen.